孩子的情绪由你决定

0～6岁**情绪教养**

廖玺璸

著

北京联合出版公司
Beijing United Publishing Co.,Ltd.

孩子的情绪由你决定：
0～6岁情绪教养

廖玺璸 著

图书在版编目（CIP）数据

孩子的情绪由你决定：0～6岁情绪教养 / 廖玺璸著
. —北京：北京联合出版公司，2019.6
ISBN 978-7-5596-3027-8

Ⅰ.①孩… Ⅱ.①廖… Ⅲ.①学前教育－家庭教育
Ⅳ.① G781

中国版本图书馆 CIP 数据核字（2019）第 048017 号

《小宝贝的情绪教养：情绪教养从小开始，情绪控管力 × 挫折容忍力 × 社会沟通力 up》
廖玺璸著
中文简体字版 © 2018 年由城邦文化事业股份有限公司
本书经城邦文化事业股份有限公司新手父母出版事业部出版发行授权出版中文简体字版本。
非经书面同意，不得以任何形式任意重制、转载。

责任编辑　　李　红　徐　樟
特约编辑　　陈　曦
产品经理　　夏　目
封面设计　　蜀　黍

出　　版　　北京联合出版公司
　　　　　　北京市西城区德外大街 83 号楼 9 层　100088
发　　行　　北京联合天畅文化传播公司
印　　刷　　天津旭丰源印刷有限公司
经　　销　　新华书店
字　　数　　148 千字
开　　本　　880 毫米 × 1230 毫米 1/32　8.5 印张
版　　次　　2019 年 6 月第 1 版　　2019 年 6 月第 1 次印刷
I S B N　　978-7-5596-3027-8
定　　价　　48.00 元

1
协助幼儿成为 3Q 达人！

　　我很佩服好友廖玺璸医师对情绪教养亲职教育工作的使命感！她不只是名医术精湛的资深小儿科医师，更是位发现亲子问题、解决亲子问题，并深入"儿"心的亲职教育家。她在从事小儿科医师临床工作二十年后，因深感儿童情绪困扰对儿童身心发展的显著影响，并且为了解针对儿童情绪困扰的有效治疗与养护方法，赴美国西雅图进修咨询心理学，并在当地的亚洲咨询辅导转介中心参与亲子情绪辅导工作；回台湾后成立社团法人杏璞身心健康关怀协会，大力推广情绪教育，定期开展适合各年龄层的情绪教养课程，如"青少年家长情绪教室""婴幼儿情绪教室"等，提供情绪智商教养技能的父母培训工作。

身为临床心理学家，我长期研究与协助防治各种心理与行为问题，发现很多人深受各种忧郁和焦虑情绪的困扰，这些情绪困扰甚至会衍生毒品使用、网络成瘾以及自伤伤人等行为问题；而情绪问题及行为问题产生与否常和个人的情绪调控能力有关。许多文献指出，情绪调控能力的发展和先天脑部结构与功能、气质以及后天幼儿时期依附的亲子关系或父母的教养方法有密切关系。

　　很兴奋地得知廖医师再度执笔，完成了新作《小宝贝的情绪教养》（台版书书名）。看完文稿后，我很喜欢，因它以流畅易懂的文字，结合实例问题和科学证据说明了脑结构与功能、气质及后天幼儿时期的亲子关系或父母教养如何交互影响幼儿的各种情绪调控能力的发展，并具体指出父母可以如何做。我相信，熟读此书后，新手父母更易协助幼儿发展成为 IQ、EQ、SQ（speed quotient，大脑运转效率商数，简称速商）均高的 3Q 达人！

柯慧贞

台湾亚洲大学副校长兼心理系讲座教授

台湾临床心理学会荣誉理事长

台湾心理治疗学会前理事长

台湾网络成瘾防治学会理事长

III

2

父母最重要的育儿书籍

廖玺璸医师是我任职马偕医院小儿科主任时的总住院医师，当时她主要研究的领域是小儿脑神经学，后来出国进修儿童心理学的知识，结合这两门专业再延伸到儿童的情绪发展研究，正好切合现代父母的需求。

过去，家长对小儿科医师的提问，从几十年前的各种疾病症候，渐渐转向儿童发展的各个领域，包括大动作、小动作、认知及社会适应性发展；但是对于情绪发展的概念则刚刚起步。产生这种光谱式移动的原因有很多，例如疫苗帮助人们预防多种传染病、卫生知识传播更迅速、生育数减少导致家长养育焦点变动等。至于为什么情绪发展会成为现代家庭关注的焦点，我们只要每天看看电视、翻翻报纸就不难知道，情绪失调导致的问题会由个人、家庭，一直扩散到整个社会。

在近五十年的儿科医师生涯中，我治疗过难以计数的难病，但是我不知这些痊愈的病人未来能否自信自立，发挥自身价值，对社会做出贡献。当中一个重要因素就是，是否拥有良好的情绪调节能力。而这个能力的养成则有赖于父母、学校及社会的共同努力！

相信廖医师所写的《小宝贝的情绪教养》一书会对现代父母大有帮助。本书实用性很强，从家长日常遇到的问题切入，引出常见的婴幼儿情绪问题，再用浅显清楚的文字告诉家长有什么研究理论支持这些论述，最后告诉家长可重点采用的实操方法。

这本情绪教养用书不仅可为一般小儿科医师或家医科医师提供参考信息，更应该成为父母最重要的育儿书籍之一。

黄富源

台湾儿科医学会前理事长

台北马偕纪念医院前副院长

心的起点——情绪教养开步走

2005 年圣诞节，我关了经营了 10 年的儿科诊所，为近 20 年的儿科医师生涯画上句点。可没有想到的是，这之后在美国研究所进修心理学，会让我与小儿科再续前缘。

心理学让我从小儿神经专科——一种事事讲求证据、眼见为凭（运用脑波、计算机断层扫描、核磁共振摄影扫描、神经传导、肌电图……）的专业，进入一个看不见研究内容的世界（研究思考、行为、关系、人格、感受、情绪……）。

"是这样解释的吗？理论大师各自解读，这能算科学吗？"刚读心理学时，我总是充满疑惑，也许还有些轻蔑。直到进入实习阶段，看到许多过去被医学界认为根本没有"病"的"病人"饱受折磨，才逐渐体会到，最令人痛苦的其实不是医学教科书里那些艰深拗口的病，而是日日夜夜萦绕在脑海、禁锢美好感受、压垮意志与动力的思维与情绪。

这些缠绕难解的"心结"究竟因何而起，它们如何啃食心灵，我们又该如何重新设定程序、破茧而出，成为我人生下半场关注的焦点。

这些痛苦的求助者有一个很大的共同点——家庭于他们不是避风港，而是火药库。这实在太令人心痛了，让人不只是为病患难过，也为他们的父母。父母如果知道自己的言行会对孩子造成这么大的痛苦，他们一定会极力避免，只是他们当时并不知道。

有一位父亲在父母课程中提到："告诉我怎么

做，我一定会尽力照着做；可是没有人教我！"确实如此！因为我们的社会从来不重视情绪，何况是孩子的情绪，更别说婴幼儿情绪了。我们成人一心一意为孩子设计未来蓝图，施工监造，却忘了：情绪教育是地基。唯有情绪得到同理，人才能冷静下来，继而启动理性脑；如果不这样，不但事倍功半，还会有失去美好亲子关系的危险。

因此，我换了个角度出发，与其他医师、心理师一起开设婴幼儿情绪家长教室来和家长讨论，怎样从孩子一出生就有情绪教养的概念，以及如何将这些知识应用于日常的育儿生活中。这些上课内容也便成了这本书的养分。

谢谢台南市社团法人杏璞身心健康关怀协会所有讲师及工作人员，每一次讨论都加深并拓宽了我对婴幼儿情绪教育的认识；也谢谢家长提出的种种疑问，这些问题让我了解到，若知识无法落实到日日照养孩子的基本面上，也是枉然。

　　希望本书的出版能让父母更早接触到情绪教育，永远与孩子共享甜蜜的亲子关系。

培养自己做父母的能力

　　曾经有一位爸爸在我的情绪教养课上发问："目前市面上大部分的教养说法总让我有一种低声下气、讨好孩子的感觉。我也有脾气，为什么我需要对孩子示弱，我们需要这样吗？过去父母严加管教的那一套，我很适应，也顺利长大了呀！为什么现在的孩子这么难搞？'教养问题'有没有可能是我们自己制造出来的？"

　　还有好几位妈妈反映，学得越多，罪恶感反而越多。"我很愿意，也想知道更多育儿知识，可是知道与做到间的距离，简直比地球到月球还远！"

　　有些家长更直接："如果教养有这么大的学问，那怎么没有专家写一本《家长使用手册》给家长照做呢？"更有家长理直气壮地反驳，应付孩子已经够辛苦了，成败压力更是巨大，能不能让他们轻松一点，直接提供一个可以照表操课的《万事 OK 育儿表》。

现代教养的确是一件吃力不讨好、权轻责重、今又较古为甚之事。教养也从来不只发生在你我屋顶下而已，它是一个"集大成"之事，不管你相不相信，教养实则与整个社会文化息息相关。

开设家长情绪教养课程以协助家长成为"情绪辅导型父母"后，我经常在课堂上感受到家长的焦虑。然而，在此全球化时代，各种价值体系互相冲击是必然的，坊间有许多以前我们想都没想到的他国教养理论，诸如以色列、德国、荷兰等国的教养理论，一一跃然书架上，叫人既急又慌。因此，家长会感觉要学的很多，生怕自己错过什么，无论是

东方的还是西方的、过去的还是现代的、理论性的
还是应用性的。现代父母真难当呀!

　　现代的教养似乎是一种生存竞争——想让孩子
拥有快乐的童年,又免不了担心没上好学校会导致
前途堪虑。这仿佛成了一种家长比赛,家长若不够
进取,没有吸收新知,就会使孩子输在起跑点。虽
然教养是一种时间、金钱与精力上的重大投资行
为,可是父母有必要把孩子逼得连喘息的空间都没
有吗?

　　其实,没有任何理论、学派可以取代父母实实
在在与孩子在一起的价值,你们的陪伴无可取代。
所以,别拿着手机、iPad带小孩而忘了最重要的
是"心在,人在"地一起玩,也不要人云亦云地将
专家、亲子论坛的"父母学"奉为圭臬,而忘了
"将我心贴近你心"地去了解、同理自己的孩子!

早在成为父母之前，就要对孩子的生长发育有初步的认识，培养自己做父母的能力，树立自己的教养价值信念；成为父母之后，就放心做个园丁吧！从成为父母开始就装备自己、建立正确概念，才能耐心地陪伴孩子成长。

Contents 目录

第 2 章　先说硬件

了解脑科学的发展，从一开始就做对

第 3 章　再说软件

了解孩子的内在情绪，正确引导

第4章 情绪拆弹

处理婴儿情绪，不要硬碰硬

第 5 章 学习当父母

当刚刚好的新时代父母

第1章

即刻救援

越早开始情绪教养，孩子人格越稳定

婴幼儿也需情绪教养

重视孩子的情绪，不要让他在挫折中长大

案例

　　刚出"月子关"的妈妈，满心欢喜地带着满月宝宝回家，开始了全职妈妈的生活。刚出生的宝宝果真如过来人所言，安静时就像天使，哭闹时又如恶魔。因为是家中第一个宝贝，每回孩子一哭，全家就像参加百米冠军赛般冲过去安抚。

　　"宝宝屁屁湿了吗？赶快来帮他换！""宝宝肚子饿了，快喂他喝奶！"全家忙着伺候"小皇帝"。毕竟所有新妈妈都没有经验，听到宝宝哭就心慌，只要有人下达指令，就会反射性服从。

　　但不久妈妈发现，白天大家七嘴八舌，但入夜之

后，还是只能靠自己啊！所以她决定静下心来，先辨识宝宝的信号再行动。宝宝哭时先轻声问："你怎么啦？刚喝过奶了，还想吃吗？还是太亮了？"尽管家人觉得她和听不懂人话的宝宝对话是多此一举，但借助跟孩子对话与观察，妈妈逐渐理解了孩子传达的情绪信号，并能大略摸索出宝宝的习性！

宝宝瞪大眼睛四处张望时，妈妈就会抱着他东瞧西看，满足他的好奇心；当宝宝开始哼哼啊啊时，就表示他有生理需求，可能是尿片湿了、饿了……；当宝宝的哭声趋于尖锐时，妈妈就知道情况可能较特殊，需要尽快介入处理。很快，全家人都觉得妈妈真是太神奇了，根本是宝宝的代言人啊！

＊　＊　＊

9个月大的宝宝爬过去拿起爸爸的手机，而手机在他不稳的手里，看似即将摔落……爸爸急忙冲过去一把抢下手机："哎哟！手机不能拿！不乖喔！"

爸爸正在检查手机时，一不注意宝宝又拿起桌上的圆珠笔往嘴里塞……"不行！这个也不行！万一刺到怎么办？"又是一把抢下圆珠笔。

拿什么都不行的宝宝，开始大哭大闹。面对泪流满面的宝贝，大人们是否能理解在样样不行的情况下孩子那充满挫折感与困惑的情绪？

＊　＊　＊

"快，帮我抓好宝宝的手！我要把药灌下去了！"用灌的方式喂宝宝吃药快速又有效！许多父母也都用这一贯的方式来处理。跟 2 岁的孩子用说的、劝的都是白搭，直接动手最快！

说到底，孩子长到多大时，父母才需要尊重他们的感受呢？

训练自己经常找线索，就能掌握孩子的情绪密码

父母如果缺少对情绪教养的认识，就可能在教养孩子的过程中采取"强压"的方式，但其实情绪教养在婴幼儿阶段绝对是可行的。

婴幼儿的情绪调节进程，是由他调（完全倚赖外界）到共调（父母子女一起找出方法），再到自调（自己就可以处理情绪）。而情绪教养就是把握时机，教导并协助他们逐渐学会自己调节情绪。

父母可以经常训练自己"找线索"并进行归纳。举例来说，当宝宝哭泣时，试着这样想：这个哭声是代表环境太亮了，周围太吵了，身体不舒服，还是单纯想听听妈妈的声音？想让妈妈抱，还是只要妈妈摸一摸就好？在归纳的过程中，双方（父母与孩子）会逐渐明白这个哭的含义，以及有哪些方法可以协助安抚。通过这样的方式，不只是父母更能掌握宝宝的需求，宝宝也学到了情绪是可以调节的。

父母对孩子的情绪信号越敏锐，宝宝的情绪张力就越不至于太强，因为信息已被理解，不必加强演出。也因为被父母了解让他有安全感，觉得一切都是可信赖的，如此一来，他的情绪系统（边缘系统）就不会经常处于一种待爆发状态，自我情绪调节也越容易办到。

亲子同调很重要

加利福尼亚州心理学家特朗尼克（Dr.Edward Tronick）有一个闻名遐迩的扑克脸实验（still face experiment）——如果妈妈在跟孩子高兴玩耍互动时突然摆出一张毫无表情的扑克脸，只要 3 分钟，孩子就会开始不安。一开始，他会想办法让妈妈注意他，可是妈妈不变的扑克脸会让他失望、生气，然后开始哭闹甚至退缩、绝望。即便是年幼的孩子，在他放弃以前，平均会试四种以上的方法挽回妈妈。

这是一个非常生动的实验，它告诉我们，"亲子同调（attunement）"是一件多么重要的事。因为这个实验实在太有趣了，尔后有近百个实验利用扑克脸来研究更小的宝宝（3 个月大），以及研究各个种族间有无差异性。结果告诉我们，从婴幼儿期起，孩子就一直试图与成人对频，当频率对不准时，孩子会相当有挫败感，此时他的情绪就处在一种"高唤起"的状态，就像是一座随时要爆发的活火山。

💡 爸妈可以这样做

　　情绪教育从婴儿期开始进行有一个重要的理由：婴幼儿期是深耕与内化情绪教育的操兵演练期，此时的情绪教育不会很复杂，若能养成习惯，以后的教养就容易多了。父母可以依照下面提及的方法举一反三，将"情绪教养"价值纳入亲子生活，自然而然就能找到方法。

婴儿期

　　此阶段无法构思、反省、计划，因此营造平静的学习环境是重点。

1. 保持平和的情绪

　　不失控的父母就是最佳自制力的模范；反之，经常大惊小怪的父母就是在提供"失控"的样本。小心婴幼儿通过镜像神经元学你！父母心情越平静，意味着孩子所处的环境越没有压力，在孩子前额叶发展未成熟时，这种环境将使他比较没有机会"演练失控"，大脑也就没有机会记住这种坏路径（婴幼儿期的孩子有最佳神经可塑性，会记住习得的神经传导路径）。

　　这里要特别提醒的是，有些父母会因心浮气躁而摇晃婴儿，甚至会给孩子身心造成不可逆的伤害。这是为人父母一定要警惕的事。

2.创造规律的生活

规律的生活可使婴幼儿知道世界的运转是有组织、可预期的，因而较易有安全感，明白当周遭环境有变动时，"回到正常"是一件可预期的事。如此一来，孩子较会自我安抚，因为知道有稳固的结构可期待。例如：饿了就暂时吸吮手指，不会大声啼哭，因为等一下妈妈一定会喂他。这些经验会让他更愿意忍受挫折，而忍受挫折正是情绪调节的极致表现。

3.实实在在了解孩子

父母可以把自己想成"柯南"，仔细观察孩子的先天气质。气质上属于难带的"带刺"宝宝，自制力会比较差，但如果找出孩子的情绪"触发点"，比如肚子太饿、周围太吵、环境太亮等，避免它或是提前模拟教导，就可以防止失控。

例如上述玩手机的案例，父母应该为孩子充沛的好奇心感到高兴，因为孩子想要探索是非常难能可贵的，不妨递上一个可以取代手机的玩具，同时说："宝宝，这个给你玩，手机不是玩具喔！"让孩子学习接受"替代品"，同时也理解到，不是所有的物品都可以玩，但也不会被无端剥夺，如此他就能以平常心接受改变，并寻求替代方案，而这也正是情绪调节的意义。

4.传授控制情绪的小技巧

将奶嘴放在他身边，让他在心浮气躁时可以自己借着吸吮奶嘴平静下来，就是最简单的情绪教养技巧之一。以此类推，家长也可以提供简单、小巧的填充玩具，让他有需要时抱着，会较有安全感；或在他学会说话前教些简单的手语（碰触嘴巴表示要吃等），让他能自主表达、展现操控力、降低挫折感。

5.悄悄加入"等待"的配方

对于大一点的孩子，可以利用玩游戏来协助他们学会"等待"或"忍耐"；对小一点的孩子，则可以运用各种巧思：在喂奶前唱一首快乐的歌再喂；孩子哭时先出声安慰，而不是急着冲过去抱。将"等待"元素一点一滴加入相处过程中，这种训练可降低情绪火山爆发的概率。

幼儿期

开始有了自我认识并扩大对环境规则的了解。

1.上述婴儿期的策略仍须继续

2.协助用正确词语表达情绪

幼儿期与青春期差不多，都是情绪火山期，但幼儿期孩子不懂得表达，因而更是难缠。此时，如果父母在他们开始学说话时就把情绪字眼加进去，孩子就能因为被了解而让火山冷却。例如："妈妈不让你吃第二块饼干，所以你好生气，哭得很大声喔！很想再吃一块。"孩子感觉被同理，才能冷静接受。情绪教养的目标应该是希望孩子未来可以通过口语表达需求——"妈妈，我想再吃一块。"——而不是以大哭大闹传达意见。

3.玩些创意冲动控制游戏

"123木头人"就是最经典的游戏。在"不许动"的口令中，孩子得压抑自己的兴奋和冲出去的冲动。

"红灯停，绿灯走"的游戏则适合幼儿。妈妈可以自制红绿灯卡片藏在背后，举绿牌可以走，举红牌就要停，然后互换角色，全家一定可以玩得乐呵呵。也可以用击鼓来代替举红绿灯卡片。这些冲动控制游戏可帮助孩子锻炼自制力，而自制力与情绪调节是一体两面的事。

4.做模拟游戏

成人可以借着亲子共读（如读情绪绘本）与游戏（扮家家酒、指偶或布偶游戏、深呼吸游戏等）教导孩子情绪表达的方式、情绪失控时的处理，以及如何解决问题。例如：进行深呼吸游戏时，大家都躺下，在肚子上摆一只纸船，深呼吸使肚子上升与下降，接着告诉孩子生气时这么做可帮助自己冷静；或者借讨论绘本里每一个角色对情绪的处理，一点一滴引导孩子调节情绪；也可以让孩子参与计划并一起等待，例如："再等两天，我们要去麦当劳，接着要到外婆家喔！兴不兴奋呢？你有想要跟外婆说的话吗？"在这些事前计划与等候计划实现的过程中，孩子可能会经历各式情绪，直至品尝到等待的甜美果实。

5. 让孩子有选择权

回到案例中的灌药事件，父母平时可用故事绘本来进行生病与治疗的教育，到了真正喂药的时候，告诉孩子："我们一起来喝药打败细菌吧！"若是宝宝还是不愿意吃药，可以给他一个选择的机会："你要妈妈喂，还是爸爸喂？""是现在吃药，还是5分钟后再吃？"试着在孩子不满意的状态里提供可接受的选择，降低其挫折感，这也是情绪教养的好例子。若是父母坚持使用强逼灌药的方式，孩子接收到的信息便是，自己真是一个微不足道的个体啊！大人会用体格的优势来压制他，弱小的自己不值得重视；或者他也可能学到，将来要用强度更大的哭闹来达成目的。这都不是我们想要的。

☞ **情绪教养** **重点**

- ❖ 平静的父母是情绪教养最重要的介质。
- ❖ 婴幼儿期的概念深耕，是对情绪教养的操兵演练。
- ❖ 婴幼儿期的情绪教养始于平静与敏锐的父母。
- ❖ 婴幼儿的情绪调节进程是由他调到共调，再到自调。
- ❖ 婴幼儿期情绪教养的最高目标是自调，活动设计可加入等待、忍耐等元素。

☞ **教养叮咛**

发现了吗？情绪教养从孩子出生就可以开始喔！

你的情绪反应我在看

父母是孩子情绪的镜子

你一定见过很爱大惊小怪的父母吧！

以前对这种父母，你可能嗤之以鼻，但当你成为父母后，你就会不知不觉成了别人眼中爱大惊小怪的紧张父母。你可能有过这样的经验：当孩子从滑梯上溜下来时，你紧张得张开双臂迎接，没想到孩子却一溜烟躲过"熊抱"，急着想再溜一次……难道你看不出来孩子其实信心十足吗？

许多父母就算在十分安全的环境里，仍然会亦步亦趋跟在孩子身后，双手打开，身体弯曲，好像随时准备"接球"一般，孩子一跌倒，还没来得及哭甚至站起来，就立即冲过去，急着问"有没有受伤，痛吗"。

另一种常见情景是，孩子一碰触任何可能翻倒的东西，父母就马上出声制止："不可以摸！"表情及声调在旁人看来都十分戏剧化。

在儿科门诊，这类家长更多。当然这是天性，看到孩子生病父母很难不担忧。不过有一类家长夸张到早上、下午、晚上都带孩子来看病，其实此时孩子需要的应该是父母的照顾与陪伴，大惊小怪反倒会吓着孩子，对生病孩子的身体恢复并没有好处。

＊　＊　＊

曾经有一位妈妈与我分享她的育儿经验。她是那种标准的老大照书养、老二照猪养的母亲，也因此养出两个个性天差地别的小兄弟。带老大时因为没经验，成天紧张兮兮，又怕危险发生，所以经常限制老大的探险行动；有了老二后，因为已经明白很多事没那么严重，于是便放宽标准，给了孩子许多尝试的机会。

结果造就出两个不同性格的小孩。老大是一个小心翼翼、不轻易尝试的孩子；而老二则像个探险家。他们经常上演哥哥拉弟弟、弟弟推哥哥的戏码。虽然我们不知道这两个小孩遗传到父母什么样的基因，但孩子一大部分的性格绝对是从父母的态度"演变而来"的，这一点可说是毋庸置疑。

幼儿通过解读成人的表情、声调与语言学习情绪表达

　　许多证据告诉我们，孩子是经由周遭大人的情绪反应来决定自己的下一步的！这是婴幼儿期学习看待世界的重要机会，我们称作"社会参照力"。对这种学习的经过，也许我们可用阅读或看电视、看电影来做比拟。例如，一个爱看韩剧的人，即使从来没谈过恋爱，也能在情节中经历他人的喜怒哀乐，当以后遇到类似的事情时，则可能会以在戏剧里学到的做法来处理。

　　阅读也是如此。人在短暂的一生中不可能经历所有事情，或到访所有世界名胜，所以我们需要在书中寻找哲理，或由他人的心得与感想来丰富我们的能力与反应。

　　幼儿就是从成人的表情、声调与语言中学习将来遇事时的处理方式，这与通过读书、看电影学习并无差别。

证据会说话

幼小的孩子已经会解读大人的情绪

原是用来了解人类知觉发展的视觉悬崖测验
（visual cliff test），后来也被其他心理学家拿来
研究婴幼儿如何经由观察母亲的表情线索决定自己的下
一步动作。实验是这样进行的：在一个透明、有深度的
大箱子内布置出高低端，因为上面是透明玻璃板，所以
宝宝爬行到中段时会产生视觉上的悬崖感，感觉好像
要从高处跌下去。因为婴幼儿已经发展出这种判断视差
的感觉能力，所以当他们爬行到中段时，会本能地停下
来。如果此时在终点等着的妈妈露出笑容，发出鼓励性
的语言声调，那么宝宝会克服恐惧，继续爬过去。相反
地，如果妈妈面露恐慌，发出禁止性的声调，孩子则会
转身爬回原点。

实验过程中，他们还将妈妈的表情细分为快乐、感
兴趣、害怕、生气与悲伤。结果，孩子果然因妈妈的表
情不同而有不同表现。害怕表情组里，最后没有一个宝
宝爬过去；生气组有九成不过去；快乐与感兴趣表情组
则有七成五以上爬过去。另外，悲伤表情组的宝宝，因
为搞不懂妈妈的意思，最后大约有三成爬过去。实验结
果表明，幼小的孩子已经会解读大人的情绪，而且正确

率之高丝毫不逊于成人。

　　美国华盛顿大学的心理学家也做了一个同样有趣的实验。当宝宝跟测试者玩珠链玩得正高兴时，进来了一位女士。虽然这位女士背对着孩子，却发出轻蔑的责备语："为什么要玩这些东西？真是讨厌啊！"简短的几句话足以使孩子停止手中的游戏、低下头、不敢直视，仿佛现在所做的游戏的确非常不堪。如果没有直接观察的录像研究，还真不敢相信，短短几句话的威力如此巨大。你怎能不注意呢？

1. 经常问自己："这是我想要的结果吗？"

"社会参照力"拓宽、加深了婴幼儿的所见所闻，而这也正是婴幼儿期情绪发展的重要元素。父母不妨问问自己：你的反应带来的结果是你希望的吗？你希望孩子因为你的大惊小怪而小心翼翼，不再尝试吗？你希望孩子因为你的责骂而规规矩矩却失去自信吗？

年纪越小的孩子，对父母的正向反应越强，例如父母快乐的笑声比斥责声更吸引宝宝；但随着年纪渐长，逐渐变成负向反应较强，此时孩子会更多聚焦在生气怒骂声上。这从演化的角度来看也说得通，毕竟负向线索能帮助我们躲过危险，让存活率得以上升，因为父母的斥喝或生气多半是因为希望孩子安全。因此专家特别提醒父母要注意负向反应，因为以宝宝的参照力来说，负向会渐渐地比正向更为强大。

孩子仰赖父母的保护，当负向的线索很强时，孩子就会认为大人在暗示他要闪避眼前的事物。这本来是重要且必要的事，怎会变成问题呢？关键就在父母的尺度拿捏上。

孩子伸手去拿热水杯、开门后冲出去、在墙上画画、在公园里尽情奔跑、跟附近小猫小狗玩、拒绝吃胡萝卜泥、不吃药、撕坏哥哥的课本、打破杯子、与人见面不打招呼……这种种看似不符合期望的行为，却是孩子探索世界之必要。

有智慧的父母对孩子的行为反应要冷静，而不是大惊小怪，因为你的反应都将烙印在孩子的脑子里。若父母经常大呼小叫，孩子又怎么能成为情绪的掌控者呢？

2. 尽早有情绪教养的概念

父母应尽早有情绪教养的概念，你的反应孩子都看在眼里、记在脑里、学在心里，一切都会成为他的 EQ 元素。著名的 EQ 学者丹尼尔·戈尔曼（Daniel Goleman）说，情绪智商很早就开始发展了，就在与父母、老师或其他人的每一次互动经历中累积发展，所以每一次的经验都很重要。

☞ 情绪教养 重点

❖ 左看右看，大人的情绪反应孩子在看喔！这种社会参照能力在孩子6～9个月时就开始发展了。

❖ 看着你的反应，孩子将把这作为前进或退后的参考。所以问问自己希望孩子朝哪个方向发展。

❖ 孩子对父母的负向情绪反应的参照力比正向强，所以动不动就发脾气的父母对孩子影响很大。

❖ 社会参照力也可以应用在处理分离焦虑、陌生人焦虑上。父母表现得越自然、镇静，孩子不焦虑的机会就越大。

❖ 社会参照力也会在孩子观察你如何与他人相处中产生，所以应避免大声与人发生争执，这也有助于婴幼儿情绪调节能力的发展。

☞ 教养叮咛

你发现了吗？我们其实就是孩子情绪表达的参考指标。所以，若希望孩子调节好情绪，我们自己就要先做到，这样孩子才能做到。

请对准频率

认清孩子给的信号再响应

案例

　　3个月大的小圆会笑了！那天，亲友一起来拜访，小圆正值吃饱、睡饱之际，妈妈还暗自庆幸大家来得正是时候，今天应该会是一次完美的聚会。

　　好一阵子，小圆在大家手中传来递去，不久她开始发出"哼哼啊啊"的声音，甚至别开脸，不怎么理睬大人。大家只顾着逗弄小圆，没注意到她的情绪，直到她号啕大哭，妈妈才赶紧接手，却怎么也安抚不了……

✻　✻　✻

9 个月大、坐在餐椅上的安安，正抓着碗里的小饼干往地上丢，还不时抬起头来看着爸爸，笑得很开怀。爸爸见状，一派轻松地走过去："安安吃得差不多了吗？想玩了吗？但是饼干不是用来丢的喔！来，我们来丢这个。"

当爸爸抱起安安时，奶奶正巧从楼上走下来，看到满地的饼干时，大惊失色地说："唉呀！怎么丢得到处都是？！"于是安安睁大眼睛看着两人，面露困惑……

✳　✳　✳

3 岁的蓓蓓在客厅高兴地玩着小汽车，妈妈在看书，状态极为和平。突然间，妈妈跳了起来……

"糟糕，姐姐要下课了！宝宝乖，我们要出门接姐姐了！"

蓓蓓愣了一下，随即抗议："不要！我还要玩！"

妈妈不管蓓蓓的抗议，急着帮她穿鞋。此时蓓蓓情绪失控，大哭大叫："不要！不要！我不要！"

于是妈妈使出最后一招：抱起四肢剧烈舞动的蓓蓓，直接走出大门……

💡 在开口说话前，宝宝就已经开始跟父母沟通了

宝宝虽然还不会说话，但已经会用许多方式来传达情绪了，只是大人常因没有仔细观察而错失了孩子给他们的行为暗示。

以前述的例子来说，仔细想想，其实孩子在大哭前已经给了大人信号，但父母往往没有注意到，依旧只照自己的想法做事，压根儿没想过孩子也有情绪信号。

案例 1 小圆不喜欢大人的"过度刺激"，所以用别开脸来发出"不跟你们玩了"的信号，只是大家过于兴奋，更加逗弄，终至弄巧成拙。

案例 2 安安吃够了，想要玩的信号被爸爸发现了，此时爸爸引导他玩其他游戏是对的，但碰巧被奶奶下楼时以"满地都是饼干"的"结果论"来响应，结果被忽视了。

案例 3 蓓蓓妈妈如果提早观察到孩子正完全沉醉在游戏里，并做好"冷却"准备，事态就不会一发不可收拾。

所以，不是孩子爱哭爱闹，是家长没有认清孩子给的信号。孩子哭闹的背后其实隐藏着许多没有被理解的因素。

婴儿在开口说话前就已经在"表达"了

根据统计，母亲往往比父亲早好几个月就能分辨宝宝的情绪，而这与母亲用较多时间观察、照顾孩子有关。因此我们可以说，母亲的观察经常是比较敏锐的，因为母亲投入的时间较父亲多。换句话说，"认真投入"可帮助父母了解婴幼儿情绪。

美国范德堡大学有一个早期社会情绪教育学习中心，它提出了几个建议（请参见"爸妈可以这样做"）来帮助家长辨识孩子的情绪。父母观察孩子的这些信号，应先有知识，然后加上耐心，如此一来，只要稍加注意就可以成为敏锐的父母，会更清楚孩子需要什么、想要什么。

💡 **爸妈可以这样做**

1. 留心辨识孩子的情绪信号

能辨识孩子的情绪信号的父母，就是具有情绪教养概念的敏锐的父母，其特性有：注意宝宝的信号（交谈）；不会让宝宝等太久（关心）；做出适当的响应（介入）。

以上述小圆的例子来做更具体的说明。当她开始哼哼啊啊、把头转开、拒绝眼神接触时，妈妈如果留意到，即可适时介入化解问题："喔！小圆想休息了是不是？"向大家说明后，将小圆抱离现场。这才是敏锐的父母该做的事。因为妈妈留意到宝宝对"过度刺激"传达出的信号并介入处理，小圆就不需要以号啕大哭来让妈妈知道她需要休息了。

安安的爸爸则很不错，他的做法里已含交谈、关心、介入；安安的奶奶则是脊椎反射般的大惊小怪。而如果蓓蓓的妈妈能注意到孩子投入游戏的程度已深，并提早处理："蓓蓓玩得好高兴喔！再玩 5 分钟，我们就先休息，接姐姐回来跟你一起玩。"也许就不会有后来的哭闹场面了。

其实多数爸妈都会注意到宝宝生理需求的信号，例如饥饿、冷暖、生病、尿片湿、大便等的信号，却比较容易忽视情绪层面的信号，例如太刺激了、厌烦了、太投入、很兴奋、伤心、生气等情况下的信号。这也许跟大人过于本位思考，对小孩的心理需求不以为意有关，其实孩子很需要成人的耐心、关心，并适时介入。

0 到 1 岁情绪信号

声音	以哭声为主。但饥饿、尿片湿、肚子痛、睡不着等状况下表现出的音高、强度均不同，应仔细辨识
语言	近 1 岁时，会有些特定的"类语言"出来
表情	挫折、厌烦、感兴趣、好奇、愉悦、快乐、悲伤、生气等表情都有了，仔细分辨应不难
眼神	定睛可能表示好奇；转头避开眼神接触，也许是因过度刺激而需要休息
姿势	会靠近你或玩具；也会丢弃玩具、要人抱、拒绝别人靠近等

1 到 2 岁情绪信号

声音	哭声、笑声意义更清楚
语言	语言水平发展神速，也许音不准，但听得懂许多单词
表情	比 0 ～ 1 岁时的表情丰富许多，复杂情绪如忌妒、尴尬也有了，会依大人的表情做反应
眼神	更多的眼神接触，表示他感兴趣或专注学习
姿势	会走，会跑，还能以手指物；也会牵手、搬动物品等

2. 不要反射性介入，稍微晚个几秒钟

父母应经常提醒自己多留意宝宝的情绪信号，即便是哭声，也有许多不同的含义。千万不要一听到哭声就反射性地冲过去，急着塞奶头，把自己当成人肉奶嘴。当婴儿有动静时，无论是哭泣还是呻吟，晚个几秒钟再介入，以便观察、了解、响应，比如对宝宝说说话，轻轻抚摸他，试着分辨他的情绪信号——是想听听妈妈的声音，想要爸爸抚摸，还是有其他需求？太吵，太冷，尿片湿了，想要被抱，还是想要休息？

我们最终希望的是孩子将来对于情绪能够自行调节，不要倚赖他人，因此父母要多留一点点时间给宝宝，让他先试着自我安抚。当然，父母也要学会理解每种信号的不同意义，以便在他还没学会安抚自己时能准确地介入帮忙。

3. 回应时要真诚以对

对不会说话的小婴儿，我们的响应更重要！不回应会造成不信任、失去兴趣、没有自信、没有安全感；而错误的响应会加深挫折感，升高负向情绪反应。因此，要好好练习辨识孩子的情绪信号。亲子相处时间那么长，只要用心观察，一定能很快抓到宝宝的情绪频率。

☞ 情绪教养 重点

- ❖ 从宝宝出生起就要认真辨识，观察其声音、语言、表情、眼神、姿势。
- ❖ 晚个几秒钟再介入，切勿像弹簧一样立即反射处理。
- ❖ 每个宝宝的情绪语言都是独一无二的，父母只要愿意花时间就能找到频率。
- ❖ 你的敏锐响应会让宝宝更愿意和你沟通。
- ❖ 猜不到，再猜！多想想，再归纳。

☞ 教养叮咛

发现了吗？敏锐的父母多花几秒钟观察孩子的信号再介入；粗心的父母则自以为是，仅凭直觉做事。其实，要成为敏锐的父母，只需有一颗想了解孩子的心和多点耐心。

睡饱情绪才稳定

睡眠与婴幼儿情绪正相关

案例

几十年前，当我还是轮值急诊的住院医师时，半夜（总是半夜，跟生产一样！）老是有父母慌慌张张地来挂号，哭诉宝宝刚刚是如何声嘶力竭地号哭，上气不接下气，眼看可能就要断气了，才逼得他们不得不来急诊挂号。但在他们讲述这段经历的同时，宝宝却安安稳稳地睡在妈妈怀里，嘴角还抽动一两下，状似拈花微笑！于是父母尴尬地互望，再三表示不是来找碴儿的，刚刚宝宝的确是……

当时的我只能安慰父母："没关系，宝宝常常是这样的，一上车就睡着！"

　　二十多年后的今天，我在家长教育课程中询问家长如何处理婴幼儿半夜啼哭，发现仍然有许多人会抱着孩子去"收惊"，可见家长对孩子的哭是多么无助，哪里有"秘方"就去哪里。

　　"我只有一个小小的心愿，那就是能一夜好眠啊！"这应该是许多父母的共同心声。可以想象，婴儿夜里啼哭会给新手父母带来多大的挫折感甚至恐慌，也因此，目前亚马逊网站上关于宝宝睡眠的书就有三万六千多本，关于睡眠"训练"的书也有一万四千多本呢！

睡眠影响婴幼儿情绪调节能力

　　现在我们对于婴幼儿睡眠问题越来越了解，也明白其实有些具体方法可协助宝宝，而非仅止于："忍一忍，这一年很快就会过去。""宝宝哭时，别急着抱他，要不然以后动不动就大哭，你就惨了！""哭就要赶快安抚他，不然以后会缺乏安全感。"如此紧握一个教条，不知变通且缺乏了解，对大家都没有帮助。

　　事实上，婴幼儿的睡眠与成人的有很大的不同。我们常说"睡得像只猪"或"睡得像小婴儿"，言下之意是婴幼儿都睡得超香甜，但事实正好相反，婴幼儿期的睡眠是睡得比你多，但睡得比你浅。每一次睡眠周期短（30～50分钟），所以醒的次数比你多；动眼期（梦期）比你多（8小时相比成人的1～2小时）；尚无日夜概念，且缺乏自动入睡的能力。

睡得好，将来情绪调节力较好

婴儿的一天可以很明显地分成六个状态：A. 深眠；B. 浅眠；C. 嗜睡；D. 安静清醒；E. 活跃清醒；F. 哭泣。一个睡眠调节力良好的宝宝，状态之间的转换困难较少。换句话说，想睡就自己睡着，醒来后就或吃或玩或安静地观察，真是完美的宝宝啊！

布雷泽尔顿博士（Dr.Brazelton，哈佛大学新生儿观察系统团队）的观察结论是，婴儿若较易在这六个状态之间转换，将来的情绪调节力也会比较好，成人也容易预期他的状态，可以比较平和地与孩子相处。他建议，宝宝理想的睡眠健康有三个目标：A. 感觉安全与被爱；B. 宝宝可以安抚自己入睡；C. 睡眠周期中醒来后可以自己再度入睡。

爸妈可以这样做

为了达成宝宝理想睡眠的三个目标，父母可以参照以下的具体做法：

1. 辨识宝宝想睡的信号

父母要花些时间来辨识孩子想睡的信号，包括揉眼睛、打哈欠、活动力下降、肌张力下降、眼神涣散、扭动不安、不感兴趣等。不要把想睡的信号理解为孩子无聊，然后开始刺激他，跟他玩，那样后果将不堪设想！当孩子发出这些信号时，父母敏锐地"接招"，启动睡眠仪式，孩子就能从"想睡"的欲求中出来，迅速进入满足的状态。情绪不会被激发，他也学到了情绪的转换是可以平平静静达成的。

2. 建立固定但不僵化的睡眠过程

建立固定但不僵化的睡眠过程也会有帮助，因为可预测性会让宝宝有安全感，且父母自己也容易学习辨识信号，但切勿僵化，这不是带兵，是带小孩！

睡前仪式很重要，不要忘记目标是使孩子可以自我安抚入睡。如果从小婴儿期起就有睡前仪式，如放轻音乐、使灯光变化、按摩、说故事、盖睡觉毛毯等，一旦联结建立起来，只要出现这些情境，孩子就很容易习惯性地进入"睡眠模式"。简单说，睡前仪式就是暗示：该睡了！

3. 发展出除了喂奶以外的安抚技巧

别以为只有你家的婴儿不好睡，其实多而浅、易醒易吵的睡眠状况是婴儿的常态。因此，若希望宝宝在每个周期醒来后不用劳烦父母就可以自动再入睡，就要建立除了喂奶以外的安抚方法，否则孩子容易将喂奶与再度入睡联结起来，这下想不出动妈妈都不可能。

要怎样办到呢？你可以稍等一下，让孩子有机会摸摸毯子，或感受一下黑暗，看他能不能自行再度入睡；若不行，轻轻发出"嘘嘘嘘"的声音再试试；还不行，则轻抚手脚再加上声音；再不行，就安静地换尿布（如果你觉得有换尿布的需求）及调整包巾的松紧。总之，不要把自己当成"人肉奶嘴"，也不要"全家总动员"，或者将灯光全打开，换尿片，喂奶，抱起来摇一摇走一走……否则结果可能会是大人们天天"熊猫眼"！宝宝需要的是学习自我安抚，并没有你想象的那么多的需求。

4. 可以用奶嘴或其他东西安抚宝宝入睡

关于孩子使用奶嘴利弊的见解真是不胜枚举。美国威斯康星大学的研究显示，奶嘴不离口的重度使用男童（6～7岁），长大以后情绪调节力比较差。理由是，长期吸奶嘴会让孩子在成长过程中不易模仿他人的语气、表情（因为嘴里老是有奶嘴）；反之，大人也会看不清孩子的情绪信号（因为脸部被奶嘴遮住一大半，又发不出声音），因而影响彼此的互动。

但是奶嘴的确可以降低孩子的挫折感，可以抚慰他们。那该怎么办呢？如何让孩子用奶嘴来自我安抚而不会上瘾到影响他们的情绪表达学习呢？最理想的状态是睡前使用奶嘴协助入睡，白天则不使用。当孩子够大时，可以将奶嘴别在他的睡衣上（但别挂在脖子上，有窒息的危险），如果他哭了，可以让他自己把它塞进嘴巴里，这便是自我安抚的第一步。当然也可以不使用奶嘴，有些时候让他抱抱小毛毯、妈妈的背心或心爱的玩具，也是很有用的。给不给奶嘴，还是要依据孩子的具体需求而定。

5. 在宝宝醒着时喂奶

大部分的新手父母因担心孩子吃不够，会趁着孩子睡着时塞奶头或奶瓶，也就是"睡眠进补"；或者在孩子哭闹时用喂奶来安抚，一直喂到孩子似乎睡熟了，再蹑手蹑脚把他放回床上。但这个喂奶模式会使宝宝将"睡"与"吃"联结起来；在他的认知里，想睡等于妈妈喂奶，所以一旦在睡眠周期间醒来，就会发出声音寻奶，大人也只好疲于奔命。因此，为了让孩子学习自我安抚，最好在宝宝醒着时喂奶，且不要喂到宝宝睡着，在他有睡意时就停止喂奶，中断喂奶与睡眠的联结。

6. 在宝宝想睡时就放上床（不要等睡着了）

另一个常见的哄睡模式与上述的喂奶情况很类似。父母因为怕孩子睡得不够熟，一放回床上又醒来，所以就抱着，摇着，哄着……直到"时机成熟"再将孩子轻轻放回床上，并默默祈祷孩子能一觉睡到天亮。可是天不从人愿，因为孩子已经把父母的哄睡行为与睡眠联结起来，于是在睡眠周期间醒来后无法自我安抚，必须情境再现才有办法再次入眠。

最佳的状况是在孩子有睡意时就启动睡眠仪式（见第2点），这样可以帮助他较快进入梦乡，并且认定"床"才是唯一的目的地。

7. 白天勿过度刺激宝宝

有些家长会有种误解，觉得如果孩子白天玩累一点，那么晚上就会比较容易睡。但其实过累的孩子身心会处于一种过度疲累的状态，该睡觉时反而无法安定心神；此外，如果在睡前过度刺激宝宝，反而会使宝宝处于高度警戒状态，产生焦虑、不安、兴奋，甚至亢奋的情绪，从而更难安抚自己。保持一个可预期与平和的生活步调，是帮助婴幼儿学习调节情绪的基本条件。

☞ **情绪教养 重点**

❖ 睡眠也与情绪调节相关。

❖ 自睡眠周期中醒来容易再度入睡者，未来情绪调节力较佳。

❖ 辨识想睡的信号比过度介入重要。

❖ 协助孩子更好入眠的指导原则，是让他可以自己入睡。

☞ **教养叮咛**

发现了吗？睡眠的确与情绪调节相关。父母应将目标设定为协助孩子安抚自己入睡，所以不需要用太多外力喔！

这些事不该对孩子做

你在安抚孩子，还是伤害孩子？

一个由急诊转入新生儿加护病房的两个月大女婴，稍早让急诊室夜里的值班医护人员忙翻了！

昏迷抽筋，两边瞳孔不对称，眼底出血……女婴被送到急诊室时表现出的症状，全都与神经异常有关。

"囟门凸出，抽筋，缺氧，心跳变慢！赶快插管！建立静脉通道！抽动脉血！快照超声波！安排做CT！"总医师指令一个接一个，加护病房内没人闲着，把器械推来挤去。因为病人个儿太小，一堆大人的头就这么凑在她的上方，不时还会相撞。

"请详细问家长病史！记得要问家暴相关问题，还有是否摇晃婴儿。"

"刚开始就是不怎么吃，一直睡，然后突然抽筋，我们就把她送到医院来了。"父母急切地述说着。

"那平时会睡很多吗？好睡吗？爱哭闹吗？"医师详细询问。

"平时就很爱哭，也不好睡，婴儿不是都应该很好睡吗？"妈妈看起来像只惊慌的小兔子，令人十分不忍。

医师逐步触及问题核心："检查起来可能是脑部出血，有没有不小心把孩子摔了呢？"

年轻父母互看一眼，说："怎么可能？她一直哭，所以我们都一直抱着啊！"

"一直哭，安抚不下来时，有没有用力摇她呢？"医师逐渐问到问题核心。

"有，婴儿不是都要摇吗？"妈妈说。

"轻摇吗？有没有这样摇？"医师做了快速前后摇的示范。

"昨天有……"

做了不该做的事将影响孩子的情绪发展

　　也许你听过"婴儿摇晃症候群"？这是经常会被小儿科医师慎重提出来教导社会大众的事。少数的新手父母会受不了新生儿的哭闹，百般安抚无效后，就把孩子抓起来前后摇晃，希望能安抚宝宝，获得短暂的安静，哪里会晓得这种摇晃无比致命！宝宝脆弱的脑部血管就在前后晃动中断裂了，而这种伤害很难挽救。

　　如果父母情绪不够稳定，加上对新生儿的了解不深，一时冲动下，更离谱的事都可能发生。有些父母在长期睡眠不足的压力下，会在牛奶中加入安眠药想让婴儿"安静"一会儿，结果却造成婴儿长睡不起。也曾发生过一位奶奶罹病又带孙，实在累坏了，听到婴儿哭声，一时失控将婴儿双手手腕划出伤口的惨剧。

　　新闻中多的是对幼儿的伤害案例，每周平均约有一名幼儿受虐致死，其中五成是 2 岁以下幼儿。虽说是孩子受虐，但许多成人并非十恶不赦地以虐童为乐，而是受不了孩子的哭声，受不了失眠，受不了巨大的压力。

　　一般父母虽不至于做出太偏激的事，但是情绪失控破口大骂，或气得不理不睬，或是打几下小屁股，都很常见。

证据会说话

错误的响应、争吵的环境、烟酒都会影响情绪

学者特热沃森（Trevarthen）在 2001 年前后就用实验证明，两个月大的孩子对妈妈的情绪响应很敏感。当宝宝已经不耐烦了，妈妈却还对着他嬉皮笑脸（这并非他期待的反应）时，他就可能会哭得更凶；此时他要的是妈妈收起笑脸，好好地安抚及同理他。因此不是一直露出笑脸就可以安抚孩子的，而是要察觉出孩子的信号，同调地适当响应。

许多动物实验也显示，亲子之间的互动有其生物性基础。许多生物脑部的区域发展是在鼠妈妈舔小老鼠、猴妈妈为小猴子梳理毛发、袋鼠妈妈怀抱小袋鼠之际自然完成的。人类的大脑比这些生物的更为复杂，且婴幼儿比起幼兽更缺乏自我照顾能力，因此特别需要长时间的抚养，如果父母呈现出漠不关心，婴幼儿脑部发育受阻便是可想而知的事了。

此外，美国俄勒冈大学做了一项有趣的脑部研究，结果证明，即便婴幼儿是在睡眠状态，外界说话的语气也会影响他们的脑部活动。进一步分析发现，如果孩子来自高冲突家庭，那么他们对于生气语气的反应会比低冲突家庭的孩子更强烈，这会表现在下视丘、视丘、扣

带回、尾核等管理情绪的位置上。争吵愤怒的声音会对脑部造成影响是已被确定了的；在婴幼儿面前争吵的声音，已知会使他们大脑中处理压力的构造变得更加敏感。

最后是烟酒、毒品对孩子的危害。其实多数父母都明白这些东西的危险性，例如，我们当然可以想象，嗜酒成性的父母没有办法清醒地照顾孩子，二手烟的危害也无须赘言。在这里要特别强调的则是家庭暴力。家庭暴力包括对身体和心理的暴力，以及性行为和言语暴力。2014年的一篇研究报告显示，目睹暴力对孩子脑部的影响有：海马回较小、大脑前额叶（理性思考）变小、联结两侧大脑的胼胝体变小，小脑也变小。这是非常值得重视的问题。

总是处在一个争吵不断的环境里对孩子有四个较大的影响：

★ **影响知觉发展**：所听到、所见到、所感受到的都造成过度刺激。

★ **影响依附关系**：在这种环境里很难有安全型依附产生。

★ **影响探索世界的方式**：有人会因害怕而压抑；有人会学习争吵而使攻击性变得强。

★ **影响未来与他人相处的模式**：有样学样。

爸妈可以这样做

1. 不大声斥责，也不在孩子面前吵架

家庭里的争执会不会影响婴幼儿的社会情绪发展，关键在于"孩子听到了吗"，而不在于"他听到了什么"，意思是，重点在于吵架的声音是不是被宝宝听到，而不是"是否在骂他"。所以，夫妻为了钱而争执、婆媳为了家事而叫骂，或大声喝斥邻居，对婴幼儿的影响一样不好（虽然宝宝听不懂你在骂什么或骂谁）。因此，若要吵架，请到孩子听不到的地方去吧！别一边吵，一边抱起孩子摇，否则给孩子的信息太过混乱了。

2. 避免家暴破坏孩子的安全感与情绪调节能力

如果暴力涉及孩子，那不只会造成孩子身心受创，基本上这就是一种犯罪行为。但父母也不要忽略了，即使暴力不涉及孩子，"目睹"家暴本身就会对孩子造成巨大的伤害，孩子会内化这些大人的暴力，变得忧郁或焦虑。另外，也可以看到形于外的变化：孩子将来变得容易打架、哭闹、霸凌他人。其他表现还包括易触犯规则、人际关系困难、学业成绩低落等。目睹家暴的孩子将来也容易变成施暴者。

那如果家暴发生在婴幼儿期呢？在这样的家庭长大的婴幼儿所形成的依附形态就是错乱型依附——孩子无法建立自

信心，也难以相信别人；其次，因为睡眠及饮食习惯都比较差，身心也会受到一定的影响；最重要的是，目睹暴力对脑部发育的影响等同于创伤后应激障碍（post-traumatic stress disorder，PTSD）——婴幼儿期听到或看到掺杂在家庭暴力中的痛苦尖叫声、哭喊声、掌掴声及残暴影像等"愤怒背景"，会严重破坏孩子的安全感与情绪调节能力。

3. 真诚回应孩子，切勿漠不关心

正常状况下，新生命降临带来的是幸福快乐，纵有焦虑紧张或不知所措，父母也还是满心关怀与爱意。但是仍有些父母属于漠不关心型，尤其是患有抑郁症的母亲。婴幼儿情绪力发展需要大人的帮助——由成人协助调节情绪（他调）到共同调节（共调），最后到自我调节（自调）。例如：一开始婴儿哭泣时，妈妈会喂奶、换尿片，或轻声抚慰（他调）；接着，婴儿知道妈妈了解他的需求，所以只会稍微哭一下或略为出声呼唤妈妈，然后妈妈就会来满足他（共调）；到最后他还学到，其实也不必哭，只要忍耐一下，先吸手指，不需"演得很夸张"，妈妈等会儿会来满足他的需求的（自调）。

但是这些情绪调节的学习在一个漠不关心的环境里是付之阙如的。在这种环境里，婴幼儿没有被协助调节情绪的经验，因而缺乏信任感，也缺乏必要的学习刺激，宝宝高昂的

情绪一旦升起，由于没有经历过被抚慰，无法学习冷却，也就无法调节情绪。此外，漠不关心的照护也使得孩子失去观察别人情绪的机会，而能够觉察到他人情绪变化是高 EQ 的重要指标之一，不然就会变成不会看脸色的缺心眼儿。幼儿期冷暴力造成的伤害特别严重，绝对不是一般人以为的"孩子还那么小，什么事都不懂"。

☞ 情绪教养 重点

- ❖ 不抽烟、不喝酒、无毒品。
- ❖ 漠不关心、争吵声、暴力、目睹暴力，都会危害孩子情绪及脑部发展。
- ❖ 不良的亲子互动方式不只会引起心理问题，也会影响脑部结构，还会影响孩子看自己及世界的眼光。

☞ 教养叮咛

发现了吗？帮助孩子正常发展的重要人物，其实就是成熟的大人们。

教养笔记

第2章

先说硬件

了解脑科学的发展，从一开始就做对

大脑的可塑性

大脑如何形塑孩子的情绪

"从准备怀孕起，我就知道妈妈是孩子最初的老师。在月子中心时，宝宝就开始上婴儿游泳课，满月返家后我也积极帮他进行婴儿按摩，还带他上各种婴幼儿大脑启蒙课，感觉宝宝真的很聪明耶！"

"我们是双薪家庭，不得不把孩子托给老人家带，但也不能要求老人家经常送孩子去上大脑启蒙课吧！难道孩子注定从小就比别人差，有没有办法补救呢？"

"听说3岁前是大脑发育的关键期，我儿子现在3岁半了，但我之前根本没有时间给他特别的刺激，现在开始来得及吗？"

　　现代父母都知道 3 岁前是大脑发育的关键期，也知道对幼儿大脑的刺激越多越好，但什么样的刺激对孩子是最有效的呢？到底 3 岁前大脑发展有多快？刺激是否必要？对于脑部发展这件事，父母是否过于大惊小怪？研究后究竟有什么新发现呢？

在宝宝脑部发育敏感期应提供不间断刺激

胎儿的大脑在受精后3周内就开始发育了，出生时就有一千亿个以上脑细胞，当然细胞与细胞间也有了部分连接。医学界过去对大脑的概念是，大脑于一出生就定下来了，理由是脑细胞的数量在出生后大约就不会改变了，所以大脑无法再造，所幸这种推论很快就被推翻了。

脑部发育到底有多快？1岁左右时，脑大小约是成人的一半；2至3岁时就约达成人的80％大小了。虽然脑细胞数目不怎么增加，但体积会变大，更重要的是连接网络会变多。

这一点也不夸张。2岁左右是人一生中神经网络连接最多的时候；过了这个时期，大脑就会开始修剪掉不会用到的部分。至于减掉哪些不用的网络，留下哪些欲保留的连接，加强哪一类重要的线路，端看环境决定。这就如同从学校到你家，小路繁多，绕来绕去走小路肯定比直直走一条大马路慢，人体演化也不会做这种没效率的事，因此会逐渐废掉不需要的连接。

想象一下，你置身于一个黑暗的房间，房间里有无数盏灯，每亮一盏灯就使你看到光源附近的环境。灯越亮越多，就好像大脑细胞间线路被激发，这个亮灯的动作就是"环境刺激"。譬如听见妈妈的声音、闻到奶香味、被阳光照射、听到音乐、接受抚摸，这一切的一切就像是按下无数个电灯开关，对宝宝来说都是有效的环境刺激。没有受到这些刺激的大脑，就像是没有灯照的大脑，只能阴暗沉寂。

医学界越来越清楚地知道，脑部发展不是"天注定"，环境经验一样重要。这些环境经验就如前述所说的"亮灯"一样！在头一千个日子里，这个大约长到一百厘米高的小娃儿的大脑以每秒形成七百个以上神经细胞连接的速度建造高速公路网——遇到一个刺激，就亮一盏灯，并照亮环境，然后还产生许许多多的联结。

大脑接受大量刺激之后，必留下痕迹，这就是细胞间的网络连接。这些难以计数的连接中没用的、少用到的部分，将会在 2 至 3 岁以后被一一修剪掉。

证据会说话

环境经验一直影响人的大脑发育

但是事情没这么简单，人的大脑发育将一直受到环境经验的影响，而不是在 2 至 3 岁后就停下来。借助功能性核磁共振摄影扫描（functional magnetic resonance imaging，fMRI）的参与研究，我们清楚地知道，大脑永远有可塑性，只是速度没有幼儿期那么快而已。

这就是这一个世纪以来脑科学家带给人们的新希望！再老，我们的大脑仍有可塑性（神经可塑性），只是最佳时机是"小时候"。整个大脑相当复杂，各部各司其职且互相沟通交流。连接支持越强者，反应也越强大。因此，人类一直需要各种刺激来塑造大脑网络，只是在婴幼儿期尤甚。

举例来说，大脑里的边缘系统内住了一堆小机构，掌管情绪、压力、酬赏反应等，但它们可不能自行运作。为了让行为符合社会规则，这一堆小机构必须跟上司（脑前额叶）密切往来，以免做错事。生气时，如果时机对了，可以适时发飙；时机不对，就要忍耐。与大脑前额叶连接不够的人，经常可能一时气不过而与人起争执，最后影响到自己的人际关系。这都是边缘系统的众多小机构跟脑前额叶连接不足导致的。

　　但有些刺激只要环境里有，就会让脑部自然产生连接，例如光与视觉。婴儿只要不是被放在黑漆漆的环境里，视觉细胞自会跟大脑的辨识系统连接。但是像这种情绪脑与理性脑联结的产生就需要学习与教导提供刺激，当然还有语言、乐器演奏等也需环境特别施予刺激。

那么，什么样的刺激才是好的呢？要给多少才是有效刺激呢？这还真是个敏感又难以回答的问题。医学上的研究推测，良好的互动刺激对婴幼儿非常重要，爸妈应与婴幼儿维持良好的互动，关心他们的需求与反应，给予大脑最适当的刺激。

1. 营养要充足，大脑才会好

充足的营养是脑部发育所必需的，已知缺乏某些元素会使脑部发育不良，如铁、脂肪等。虽然脑部终生具有可塑性，但大脑发育的确存在"敏感期"，婴幼儿期就是重要的敏感期，因此提供充足的营养绝对不可或缺。研究显示，大脑发育与营养最相关的时期始自怀孕中期到2岁。

2. 亲子间互动比什么刺激都好

"人"的刺激优于"物"的刺激，所以家人互动一定会比看电视、玩 iPad 或单独玩玩具好。许多人以为，来自电子产品的声光刺激是"人"无法提供的。错！人是社会性的动物，我们的脑区有专司互动的社会脑，这些部位一定要靠人际互动的刺激才可以联结。不仅如此，有来有往的语言刺激，其变化性岂是单向的电视、计算机所能比拟的？

家长容易陷入一个误区，认为许多电子产品制作精良，提供的学习内容不是一般家长能提供的，有些产品更是由专家研发的。这些都没有错，但是一定要知道，亲子亲密的同调互动才是影响孩子大脑发育最重要的因素。全世界的小儿科医师与儿童发展学家都提倡自出生后就开始"亲子共读"，目的就是推广面对面的亲子关系。这并不是另一类"不要输在起跑线上"的早慧活动。即使使用电子产品，也要有亲子互动，这样效果才会加乘。

3. 避免负面环境因素

负面环境因素（受虐、忧郁或忽略不理等）影响大脑发育颇巨。孩子的大脑早在 3 个月大时就可以辨识父母的忧郁、焦虑等负面情绪，这些负面情绪会引起婴儿大脑的"共鸣"，这绝对不是我们想要的。父母应对自己的情绪有所察觉，尽量使自己保持平静、正向的状态。

然而据统计，约有 10％的母亲有产后抑郁的症状，令人担忧是否会对孩子造成影响。此时，家人的支持对母婴同等重要。研究也显示，当爸爸积极介入对宝宝的照顾时，母亲抑郁症对孩子的影响就会显著下降。只要家人同心解决困难，定可避免负面环境因素干扰宝宝的大脑发育。

👉 情绪教养 重点

❖ 母乳比配方奶好。

❖ 妈妈的声音（说话声、笑声、朗读声……）比 CD 好。

❖ 亲子面对面互动比单向使用电视、计算机好。

❖ 有来有往、一来一去的逗弄互动比玩昂贵的玩具好。

❖ 温暖平静比紧张焦虑好。

❖ 花时间了解孩子的独特性比满街找专家好。

👉 教养叮咛

发现了吗？其实对孩子大脑发育最好的工具就是父母本身。

父母与婴儿的联动

亲子间情绪的交互影响

案例

　　"奶也喂了，尿片也换了，为什么还哭个不停？"虽感到相当疲累，妈妈还是将宝宝抱起来摇一摇、走一走。走来走去不过就是在那么一丁点大小的空间，于是令人更加烦躁了。好不容易感觉孩子嘴巴微张，握紧的小拳头也开始垂下，但妈妈还是不敢稍有松懈，硬是多绕了几圈，之后才轻手轻脚地将宝宝放回小床。

　　不到 2 至 3 分钟光景，惊天动地的爆哭声又响起，但妈妈还是耐住性子抱起孩子。可是这回摇得很用力，头上开始冒火了："都已经抱了，你还有什么不满意？为什么一直哭？到底怎么样你才肯乖乖睡？"妈妈顿时失去耐心，声音稍大了起来，不像在跟两个月大的小宝宝说话，宝宝好像也感受到妈妈的怒意，哭得更大声了……

接着，妈妈也哭了起来，不敢相信自己竟然会对着婴儿说出这种话。此时爸爸冲了进来，随口说了一句："小孩哭有什么大不了，见过不哭的孩子吗？对小孩要有点耐心。"

"你偶尔逗逗孩子当然没什么感觉，要不你带一天试试看……"妈妈感到自己情绪快崩溃了，越哭越大声。世界怎么在孩子诞生后就翻转了？心中最敏感的地带被触动了，一发不可收拾。最近，她的确感到心情低落，老是觉得快要失控了。难道是患了产后抑郁症？

更令妈妈痛苦的还不是这些显于外的口角争执，而是内心对自己"母性"的怀疑。这些怒气与难过是正常的吗？自己是一个好母亲吗？宝宝会不会以为妈妈不爱他了？

宝宝小小年纪就能感应到爸妈的情绪

说抑郁症是 21 世纪的流行病一点也不夸张。根据统计，中国台湾地区抑郁症患病率约 7.3%，且女性患者居多，比男性多出一倍多。这可能与女性有一个男性不会有的"产后抑郁症"有关。

一半以上的新手妈妈在宝宝出生后可能会经历一些心情低落的时候（英文称"baby blue"），其中一些人的低落期长且低落强度高，病症被统称为"产后抑郁症"，人数占新手妈妈一至两成。

因此我们可以概括地说，有些宝宝（一至两成）在新生儿期是由有抑郁状况的妈妈养育的。接着，在孩子长大的过程中，又有一成的孩子要面对抑郁症母亲或父亲。所以，这对孩子的影响究竟如何，的确值得留意。

先来猜猜看：婴儿大约从什么时候起可以辨识照护者的情绪？美国 0～3 岁非营利组织（Zero to Three）做过一项大规模的调查来检视美国父母是否有足够的婴幼儿情绪发展常识。结果如下表。

状态	正解	父母认知（%）
知道父母的愤怒或悲伤，会受到父母情绪的影响	3 个月大	62％答：6 个月以上（错）（47％答：1 岁以上）
宝宝本身会感到愤怒或悲伤	3～5 个月大	59％答：6 个月以上（错）（42％答：1 岁以上）
目睹暴力对脑部产生影响始于？	6 个月大	47％答：1 岁以上（错）
大声咆哮对宝宝产生影响始于？	6 个月大	47％答：1 岁以上（错）
家长照护质量何时会对宝宝造成影响？	自出生后	50％答：6 个月以后（错）

　　从这项调查中我们可以清楚地看到，一半以上的父母搞错了婴儿的情绪发展期，而且差距竟有 6 个月到 1 年之长。父母可能以为刚出生的小宝贝什么都不懂，只是一个不停哇哇大哭、除了喝奶什么都不懂的小家伙。但真相是，不懂的其实是"大人"啊！大人往往低估了这些"内心完整"的精细小生物。

证据会说话

婴儿与母亲脑波呈现同步性

在没有影像学检验仪器的时期，心理学家辛辛苦苦地观察婴幼儿的表情来编码，再依据母亲的情绪状态来分析、比较。之后，进步到用脑波检查，他们也发现婴儿与母亲脑波呈现同步性。也就是说，患抑郁症的母亲养的孩子其脑波与妈妈的脑波相像（右前额叶活动高），不抑郁的母亲养育的孩子其脑波也像妈妈的脑波（左前额叶活动高），母亲的脑波与孩子的脑波互相辉映着。

结论是，宝宝会感受到父母的情绪变化，起步早到超乎你的想象，科学家至少可以抓到 3 个月大就受影响的证据（事实上，现在已朝向有产前抑郁的母亲对胎儿脑部的影响研究了）。

机能性核磁共振摄影扫描这一研究利器出现以后，这类证据更多了。掌管情绪的杏仁核及掌管理智的前额叶，在将患有抑郁症的妈妈与无抑郁症的妈妈两组进行对照时，都显示出差异。也就是说，婴幼儿早将他的心贴近妈妈的心，很早就能感应，很早就有感觉，只是还无法表达出来而已。

爸妈可以这样做

婴儿"情绪脑"的发展就是脑部发展的一部分，也是一千天内的重要标杆。稳定的家庭气氛、情绪平和的父母，就是孩子情绪脑发展最重要的根基；因为所有的情绪经历都将在孩子的大脑内留下痕迹，而这些情绪经历就是在每日的眼神接触、抚慰喂养、言语交流中一一累积的。

1. 父母要能察觉自我情绪

人的理智其实很容易被强烈的情绪绑架，在日夜照顾孩子的巨大压力下，不理性地对家人或孩子宣泄情绪之事，时有所闻。也许当情绪稍微平复时，父母对于自己所说的话、所做的事都难以置信。但是因为孩子与父母之间的联动影响的确不容小觑，因此，如果能在情绪引爆之前察觉、辨识、处理，就可以防止自己"气"爆，自然也能对孩子的情绪脑少一些负面刺激。

从上述的说明中不难发现，宝宝的确可以感受到妈妈（照护者）的情绪。随着孩子长大，他的感受力会越来越强。不过，这些负面情绪不会只因一两次的爆发就产生影响，时间的累积才是重点。所以妈妈们也无须对自己偶发的愤怒太紧张，但是一旦自觉照护压力已达临界点，就应该冷静下来，寻找帮手才是对孩子最好的方式。

2. 建立支持系统

新手父母的确有许多压力：经济压力、关系变化压力、照养压力，甚至睡眠或休闲变化压力，不一而足。维持自己的身心稳定并不容易，因此建立一个强而有力的支持系统是必要的。父母的情绪稳定，孩子的大脑会跟着稳定，所以父母的压力要有地方释放，无论是父母团体、娘家还是婆家，保姆系统都值得好好规划。父母的心情轻松，亲子间流动的情绪才会正向有益！

3. 运动、休闲、静坐也很有帮助

可以定期做运动或参加休闲活动的爸妈真是太幸福了！即使做不到，自己在家做肌肉放松术，或抽出几分钟静坐深呼吸，对情绪也会有很好的舒缓效果。试试看，当孩子的哭闹令你心烦气躁时，走出房间深呼吸几下，喝杯热水，洗把脸，做一下体操。这远远好过粗暴的摇晃或连珠炮的恶言。

☞ 情绪教养 重点

* 父母情绪与婴幼儿情绪的联动可以早至婴儿 3 个月大以前就发生。
* 家庭和谐就是协助孩子正常发展最好的基石。
* 稳定及平静的爱与照护，加上不断的回应，就是最好的礼物。
* 家庭暴力是脑部发展之毒。
* 若婴儿出生后母亲出现忧郁、焦虑、悲伤哭泣、无力感、罪恶感等情绪问题，应及早就医诊断，才不会影响孩子发展。
* 抑郁症母亲会导致亲子依附关系不良，家人应提供协助。

☞ 教养叮咛

发现了吗？国外调查中排名第一的家长关心议题——情绪教养，原来如此简单。情绪稳定的父母加上和谐的家庭气氛，就是最完美的情绪教养。

大脑与情绪脑构造

情绪教育影响大脑发育及结构

案例

你有没有偶尔在夜深人静时（当然孩子已入睡）心生愧疚，觉得自己真的不是个好妈妈，希望能重来一次？

"今天对孩子发了几次脾气，明天一定要冷静，还好明天还有机会！"妈妈这样安慰自己。

小时候做错事被父母打得很凶，所以打从怀孕开始妈妈就告诉自己，绝不打孩子！曾在教养书上读到一种方法——隔离法：将做错事或发脾气的孩子隔离到一个角落或没有太多干扰的房间里，等他怒气消了，也知错了，再准许他离开。

妈妈一直都用这一招来处理孩子的问题。直到有一天，她听到鬼灵精的妹妹教训哥哥："还哭！不可以哭！10，9，8……0，现在去角落罚站！"生性老实的哥哥带着愤怒的眼神，一边倒退到角落，一边与妹妹对视以示抗议。妈妈一时愣住了：妹妹做的事正是她想要做的，当然这也是她第一次正视孩子不满的眼神！

妈妈反省：隔离法虽然可以使孩子冷静下来，但是她似乎从来没有告诉过孩子生气是怎么一回事，该怎样发泄、处理情绪。

自此，妈妈改变了做法。当孩子生气时，她就会请孩子过来，告诉他生气时自己的身体与大脑会发生什么变化，该采取什么行动来让情绪冷静下来。

现在，妈妈最常采取的方式是——隔离自己！同时告诉孩子，妈妈需要一点时间冷静，这样才不会大声责骂他们，而且可以让大脑重新运转以知道怎样解决问题！

慢慢地，她不用再为自己的情绪失控感到愧疚及后悔，连孩子的情绪也稳定多了，她也不再动不动就暴走。

情绪教养可以改变脑结构

我们的脑可分为下层脑（情绪脑与脑干）与上层脑（理智与认知）；上下层脑，除了位置关系不同，演化时间长短也不同（远古的下层与近代的上层）。

情绪脑（下层脑）在几亿年前就存在了，而大脑上层（新脑）的发展不过几百万年的历史，难怪我们的理智经常输给情绪，使我们做出后悔莫及的事。例如：明知道孩子还小，一定会做出很幼稚的事，当然需要耐心与指导，但就是忍不住愤怒、有挫败感，甚至有些父母不光动口也会动手，然后后悔自己"一时失去理智"。这就是因为当我们情绪脑爆发时，理智经常不见踪影。

当孩子很愤怒而摔坏玩具时，我们可以想象他的下层脑火山爆发，而上层脑束手无策，其严重度较之大人更甚。我们的大脑皮质要到 25 岁之后才完全成熟，因此常有人形容幼儿"卢"（磨蹭，啰唆，不干脆）、青少年"灰"，这从有关青少年冲动惹事的新闻数量上就可看出端倪。

情绪脑与理智脑之间有一条联结线，称为"钩束"。你可以把它想象为消防队的出水管线，情绪爆发时需要消防系统送水（理智）来灭火。所以，EQ 高的人出水管粗，一有火，马上可以救火；EQ 低的人出水管细，火烧得旺，水来得少。

　　另外，在一份研究脑伤的核磁共振摄影扫描追踪报告中也发现，如果情绪与理智之间的钩束因脑伤受损而变小，那么在往后的追踪测验中会发现，这个病人的情绪调节能力会低于钩束没有受损的病人！所以这条联结线路确实是与 EQ 相关的！

　　上下层脑之间的神经"配线"（钩束）需要时间来形成，但并非只靠时间就能达成。这种钩束的形成与固化需要后天经验中的学习。科学家一再证明，上下层脑的联结是可以被训练的！让理智与情绪的通路够畅通也是可以被教导的，后天环境有很大的影响力。学得好，水路通畅；学不好当然"远水救不了近火"。

证据会说话

"情绪教养"使情绪脑与理性脑发展较好

不光是神经联结可以通过训练加强，其实脑构造本身也会因后天经验而发生改变。例如一些被虐待的孩子，其情绪脑的杏仁核（生气中枢）就比较大，而新脑就比较小。其他一些研究也发现，连基因的表现都可以因后天不同的对待而彰显或隐匿，所以有些具有焦虑或害羞基因的孩子，也可以因家庭教养而改变性格，变得不焦虑或大方。

运用后天教养来使整个情绪脑与理性脑发展较好的教养方式被称为"情绪教养"。情绪教养的目的，与协助孩子溜滑梯、骑三轮车、拉小提琴或弹钢琴一样，只是我们要帮助他们的部位，由运动神经、手部肌肉或听觉系统转到情绪与理智的系统。

那先天因素呢？父母最常说的就是："都是我生的，怎会个性差这么多？"高EQ的先天因素是存在的，所以气质是EQ的变量之一。过去也有科学家研究荷兰一个几乎人人都有重罪记录的家庭，以为能找到犯罪基因，但这个假设很快被推翻了！因为这个家庭都有的基因，在许多人身上也有，不过其他人的犯罪率并不特别高，但是这个荷兰家庭的环境显然使得有这个基因的人发挥出了犯罪的"天赋"。所以得到的结论是，基因的表现可以因成长环境而发扬光大或隐匿不显。可以见得，情绪教养可以改变大脑连接网络、情绪脑构造与理性脑发育，还可以影响到某些基因是否表现出来，真的影响很大。

爸妈可以这样做

　　若要下一代的情绪脑与理智脑沟通良好，成为高 EQ 的人，一定要重视后天的情绪教养。

1. 建立情绪教养是教养之心的价值理念

　　如果父母可以及早建立自己的教养价值系统——相信一个人的幸福快乐与 EQ 而非财富或学识关系最密——那么自然而然就会把焦点放在培养孩子的情绪调节能力上。例如：当父母陪着孩子读故事书时，不会把重点放在孩子记住多少知识、学到多少字上，而是会留意孩子的情绪信号，比如是兴趣盎然还是意兴阑珊。同理孩子的身心状况，再顺势而为；在孩子失败时，深刻体会到需要先理解沮丧的心才能找出解决办法，而不是取笑、责骂或看轻他。事实上，家长一旦建立起情绪教养的价值信念，做法自会跟着而来。

2. 情绪教育要从孩子婴幼儿期开始

　　因为情绪发展就是这么早，所以情绪教育应该从孩子婴幼儿期就开始。我们知道爬行对孩子运动机能发育的重要性，因此会鼓励他们多爬；我们也知道认知能力发展需要刺激，所以就会经常与他们玩游戏。那么情绪发展也始于婴儿期，我们怎么可以不管它呢？就从最初始的情绪——哭开始吧！仔细辨识哭声的种类，了解宝宝有挫折感的原因，把频率对准再处理，让孩子学到，虽然情绪随时会来，但会有方法来调节。

☞ **情绪教养** 重点

❖ 情绪教育影响脑部结构（杏仁核、前额叶）、情绪脑与新脑的联结（钩束），以及一些基因的表现。

❖ 情绪教育发生得早对孩子整个情绪脑构造及连接系统都有帮助。

❖ 情绪教育需要学习与练习——学习情绪发展的来龙去脉，练习情绪教育的做法与技巧。

❖ 婴幼儿期就是父母情绪教育的操兵演练期。

❖ 成人应学习情绪教育并多多练习情绪教养方法。

❖ 学校课程只有加入社会情绪教育才能与家庭合作取得最大化情绪教育的成效。

☞ **教养叮咛**

发现了吗？经由后天的教养来改变大脑的结构绝非天方夜谭。大家加油吧！

教养笔记

第**3**章

再说软件

了解孩子的内在情绪，正确引导

婴幼儿的情绪发展

处理婴幼儿情绪，要用对方法

案例

中午，小芬与几位女同事吃饭，其间她突然想到家里最近发生的一件事，便提出来与同样为人母的同事们讨论。

"白天都是公婆帮我带小孩，他们很好，也很疼孩子。但前几天发生了一件事，让我感到有些忧心！那天我们家大宝不小心在客厅跌倒，这时公婆马上抱起他，然后用力拍打地板，并对大宝说：'地板不乖，害宝宝跌倒。我们打不乖的地板，大宝不哭了喔。'"

"我家二老也是这样！孩子撞到桌子，就说桌子不乖；撞到椅子，就说椅子不乖。"可欣颇有同感。

"上次带宝贝去医院打预防针，婆婆心疼宝贝因为打针号啕大哭，竟然当场安慰他说'都是护士阿姨不乖，等一下我们来打打'。当时我看到护士无辜的表情，真的觉得很不好意思。"逸如无奈地表示。

"没想到，为了安抚小孩，长辈都会用这招。但长辈这种做法可能会使孩子认为，千错万错都是别人的错，不高兴或伤心时就可以指责别人。"小芬说。

"没错！以前我家小的很会哭，所以我习惯护着小的，加上上班一整天也很累，只想快速处理孩子的问题，所以每次小的来告状，我就会骂哥哥，这样就能马上平息纷争。直到有一天我突然发现，她已经不告状了，直接自己对哥哥开骂，感觉就像是我的翻版，这时我才惊觉问题大了。"可欣懊悔地讲述这段往事。

孩子跌倒时伤心、有挫折感，打针时疼痛、委屈，这些都是正常的情绪反应，为什么我们大人却拼命干涉，要让这些情绪反应消失呢？

💡 照顾者左右了孩子的情绪发展

　　孩子出生后，什么时候开始会有情绪呢？我在许多课程中问到这个问题时，多数妈妈都认为，孩子一出生就有情绪，因为孩子一出生就会哭，哭就是"伤心"的表示，同时也是情绪的一种。可是新生儿的哭一定是情绪反应吗？会不会是某些生理现象的反射呢？其实不只一般人这样怀疑，科学家也很难回答这个问题。

　　但可以确定的是，孩子在满月左右即有愉悦与受挫的初始情绪，而接下来的情绪发展更是快速！在 5 ～ 7 个月时，他们已经具备六种基本情绪，包括害怕、喜悦、生气、伤心、厌恶、惊奇。到 1 岁半至 3 岁间，复杂情绪，又称自我情绪，如尴尬、羞耻、愧疚、羡慕、骄傲等，也逐步出现，而这些情绪会伤害或强化自我感觉，此时这些小人儿已经越来越不单纯了。

　　★　**基本情绪：** 高兴、生气、惊讶、感兴趣、厌恶、沮丧、悲伤、害怕等。"基本情绪"是人类共通的表现，5 ～ 7 个月大的宝宝即可发展完成。

　　★　**复杂情绪：** 尴尬、羞耻、愧疚、羡慕、骄傲等，又名"自我情绪"，因为这些情绪会伤害或强化自我感，在 1 岁半到 3 岁之后开始出现。

　　值得注意的是，基本情绪是生物性的，没有种族差异，是全人类共有的。我们人类会为什么事感到兴奋或愤怒也很一致，因此人类可以在现实面或心理层面互相沟通了解。

　　但是复杂情绪则不然，它与我们的生长环境有很大的关联，受父母或主要照护者的态度影响很大。

证据会说话

环境与时间会影响自我意识发展

科罗拉多州立大学做了一个实验，研究针对两岁孩子在面对同一事件时是否会产生不同的感受（羞耻感与愧疚感）与做法。

和蔼可亲的阿姨给了宝宝一个可爱的娃娃玩，然后离开（陷阱是这个娃娃的脚并不牢固）。宝宝玩着娃娃，就在脚掉下来之际，阿姨推门进来，这下怎么办？儿童发展学家仔细观察孩子们的反应，并观察到两种复杂情绪：羞耻感与愧疚感。

孩子在实验中表现出了两种不同反应。其中一种类型的宝宝看到阿姨进来会弓起身子，背向阿姨，不敢有眼神的接触，感觉很痛苦，好像希望这事从来没发生过，也最好不要有任何人发现，简单说就是试图逃避。

另一种类型的宝宝，看到阿姨进来则立刻展示坏掉的脚给她看，并试图修复。虽然这些宝宝看起来也很有挫折感，不过直接面对问题时反而显得舒坦。

实验结果显示，有人选择逃避，有人选择面对。为何会出现两种截然不同的结果呢？逃避者希望事件自动消失，面对者则想要解决问题。逃避者产生的就是羞耻感，面对者则产生愧疚感。平常若不仔细想，会以为此二者并无不同。

　　不过，这个实验则告诉我们，它们不但不同，还对自我感受有不一样的影响。逃避者觉得自己闯祸了，是个不好的孩子；而面对者对自己的感受并不负向，还愿意设法弥补。研究也显示，羞耻感和抑郁症、成瘾与暴怒密切相关。复杂情绪的萌芽表示孩子开始有自我意识，可是这个意识如何发展，父母则扮演很重要的角色，因为环境滋养加上时间培育因素，将会使自我意识发展有加乘的效果。

 **爸妈可以这样做**

1. 留意自己在孩子成功或失败时的反应

简单说，孩子感到骄傲或自卑的程度，依父母对其成败反应而定。如果父母在孩子成功时予以有效的赞美，他会肯定自己的努力与收获，并再接再厉！如果孩子成功时父母不理不睬，或只是空泛地应付："你很棒。""好厉害。"孩子会找不到自己的定位，也不知未来的方向，有时候还会因为父母空泛的赞美，害怕自己下次就"不棒""不厉害"了，于是就变得不想再尝试了。

如果父母在孩子成功之际做出有效的赞美，具体描述孩子做到的事，再加以归纳方向，孩子就会愿意朝目标前进。举例来说，孩子考了一百分，如果你说"你很聪明"，孩子固然高兴，但也许会害怕下一次考不到一百分就不"聪明"而患得患失。如果你说："这次考试你很努力复习，也都理解了，真的很棒！"对孩子而言，你赞美的是他的努力，一百分的意思也只是"全都努力理解了"，与他聪明与否无关，如此一来，他就会更愿意努力学习。

相反地，如果父母在孩子失败时予以支持、鼓励，孩子就会知道，失败不是件不可逆的事情，只要继续下去或改正方向，父母就会支持；如果一遇失败就被责骂、讽刺、讥笑，那么孩子愤怒、感觉羞耻甚至放弃都是有可能的。

2. 留意自己在孩子犯错时的反应

孩子愧疚或羞耻的程度也依父母对违规犯错的反应而定。如果孩子弄坏玩具时父母习惯性责骂孩子，也就是"对人不对事"，例如"你就是这么坏，这么不听话！"，听在孩子耳里，就是"你是一个坏孩子"，时间一久，他就会相信他是一个坏孩子！

如果父母换个方式，"对事不对人"，改说："玩具坏了呀！那宝宝该怎么做呢？"这样孩子产生的就是一种"愧疚感"，知道自己做了一件不好的事，但是可以去弥补，而不是"我是一个坏孩子"这样的羞耻感。又例如：若父母在孩子成功堆好积木时不予理睬，却在失败弄出声响时予以喝斥，那么孩子对自己的存在价值当然没有信心，也因此容易感到自卑。

3. 了解情绪发展里程碑

复杂情绪的发展对孩子未来怎样看待自己是很重要的，因此家长一定要花些心思来了解孩子的情绪发展，而不光是聚焦在动作发展或认知发展上。更何况，复杂情绪与周围环境关系极大。

情绪发展里程碑

0 ～ 2 个月	有挫折感，满足，渐渐有笑意，渐渐好奇，开始会自我安抚，例如吸吮奶嘴
3 ～ 4 个月	主动笑，渐渐因不如愿而生气，好奇心增强而互动增多
5 ～ 7 个月	快乐、悲伤、生气、好奇、厌恶、害怕都越来越明显，开始对陌生人焦虑
8 ～ 9 个月	以上情绪强度加大，焦虑感也加重，开始有分离焦虑，好恶变得明显
10 ～ 12 个月	害怕的事物增多，开始会拒绝，自我意识开始萌芽，挫折感加重，开始主动寻求快乐
12 ～ 18 个月	分离焦虑明显，但更加好奇、爱探索，暴怒、快乐兴奋、幽默感渐生，主动寻求快乐
18 ～ 24 个月	上述情绪明显且加剧，自我意识明显，成功时感到骄傲，失败时感到羞愧、羞耻、羡慕等
24 ～ 36 个月	基本情绪与复杂情绪都越发明显，好恶分明，可以同理、安慰他人的情绪

4. 经常反思说了什么、做了什么、可能会有什么影响

从以上的实验结果来看，先前小芬的担心与反思是有必要的。孩子跌倒了就打地板，等于没有深入思考如何协助孩子调节面对挫折时的情绪。如果爷爷奶奶可以改说："宝贝，你跌倒了很痛吧？难怪你哭得如此伤心了！记得以后要慢慢走才不会跌倒喔！"这样的态度会不会好多了呢？扭转代代相传的因循式教养需要大人自己经常反省。

☞ **情绪教养** **重点**

❖ 婴幼儿的情绪发展开始得早又迅速。

❖ 婴幼儿的情绪发展相当复杂。

❖ 婴幼儿很早就可以与照护者有情绪上的共鸣。

❖ 复杂情绪与自我发展密切相关。

❖ 婴幼儿周遭的每一个人都很重要。

☞ **教养叮咛**

发现了吗？婴幼儿的情绪发展史进展得非常快，如果不多加了解，孩子的发展一定会让父母措手不及！

你我气质不同

教对了，孩子的先天气质可以改变

案例

许多人成为父母后，便会将自己无法实现的梦想投射在孩子身上，大家应该或多或少都有这个经验吧。

志祥个性爽朗，乐于与人交往聊天，偏偏儿子阿宝却很害羞，遇到人总喜欢躲在父母背后，也不肯开口向长辈打招呼。面对这样的情况，志祥经常觉得尴尬，觉得阿宝的表现不符合他的期待。因此志祥常会对孩子说："叫阿姨！怎么那么害羞啊？"回到家后，志祥还会再次训诫孩子，不叫人很没有礼貌。但阿宝下回遇到相同的情境，反而更紧张了。

而美芬个性文静内向又不善言辞，孩子贝贝却总抓不住，冲来冲去搞破坏，弄得她一个头两个大，于是忍不住怨叹："明明是我的小孩，怎么个性差那么多？"

有着一对双胞胎的艾玲也纳闷："双胞胎不是基因最相像吗？怎么我家这两个个性南辕北辙，差那么多？"

孩子个性不同是必然的！如果你有一个活泼好动的孩子，教养他一定与教养害羞敏感的宝宝不同。父母不能用比较的方式："我们家这个怎么不像别人家的一样好带？"弄懂孩子的"气质"，是做父母首先要学习的事。

孩子的先天气质是会改变的

宝宝气质九个向度

20世纪60年代至70年代，两位心理学家——斯特拉·切斯（Stella Chess）和亚历山大·托马斯（Alexander Thomas）将孩子的气质分成九个向度：

1.活动量： 有的孩子也许像跳跳虎一样动个不停；有的则害羞文静，不喜欢引人注目。

2.规律性： 有的孩子特别好带，对于什么时候睡、什么时候吃，家长可以好像军队带兵一样，很容易就做出预期；有的则不按牌理出牌，搞得父母人仰马翻。

3.适应性： 有的孩子到新的环境中很久还是无法融入；有的孩子则像"你家就是我家"一般自若。

4.趋避性： 第一次见到新事物、新地点时，孩子是喜"趋"还是喜"避"？可以与陌生人打招呼吗？容易接受新的衣服、玩具、场所吗？

5.反应强度： 有的孩子对某些事物的反应看起来"超夸张"，在同一个场景中，总有孩子哭得最大声或最久，或笑得比谁都快乐；有的则面无表情，令人猜不透。

6.主要情绪： 与大人一样，总有人凡事正向以对，也有人终日愁眉深锁。有的孩子总是欢欢喜喜，也有的看起来总是"执拗"或"气呼呼"。

7. 坚持度：有些孩子好像生来与父母比赛"毅力"，很难随情境转换状态，例如：一旦进入玩耍模式，要他离开很困难；也有孩子"很好商量"，玩游戏或做事不坚持也不持久。

8. 分心度：有的孩子很容易让不同的东西取代他正在玩的东西，或很容易被其他声响吸引；有些则否。

9. 敏感度：也称"反应阈"，意思是容不容易受外界情境影响而变化。一个敏感度高的孩子，可能尿布只湿一点点就大哭；敏感度低的孩子，也许大便一大包还是笑眯眯。

依不同气质组合分类

这九个向度的高低、大小，每个人不同，然后排列组合成独一无二的个体。依照向度的排列组合，他们将孩子大略分为3～4类不同气质（近年来"过动儿"因渐渐受到重视而被列入，这里分为四类）。

1. 好带型（向日葵宝宝）约占40%：情绪平稳安定，容易接受新事物，生活较有惯性，比较好预期，好像向日葵一样，好养好带，又喜好笑脸迎人。

2. 磨娘型（玫瑰宝宝）约占10%：情绪起伏大，易怒，好动或反应激烈，生活较无规律性，比较难预期，像玫瑰花一样带刺。

3. 慢热型（兰花宝宝）约占15%：比较不爱动，对新环境、新事物适应缓慢，且反应相对平缓，好像慢开却持久的兰花一样。

4. 好动型（蒲公英宝宝）：有些学者认为还应加上这一类型。这一类型因为过于好动，注意力太不集中，好像蒲公英一样遍地开花。

当然还有许多介于中间的形态，难以详加分类。

证据会说话

后天环境与教养都会影响气质

气质无关好坏，就是不同而已。但有没有可能改变？难道出生就决定了一切吗？答案是——会改变的！后天的环境与教养都会影响气质。

理查·戴维森博士（Dr.Richard Davison）在《情绪大脑的秘密档案》中谈到，基因所主导的特质不一定会显现出来，其实还是有很大的改变空间。那是受什么因素影响呢？答案是后天的环境。

他们做了一个长期的实验——针对70名3岁的孩子做长达6年的追踪。在孩子们3岁时，根据他们与机器人的互动反应，将他们分为害羞（兰花型）、大胆（向日葵型）与中间型三种。因为过去科学家们认为，害羞是最不会改变的气质特色，所以理查·戴维森博士特别对"害羞"气质进行测验，看究竟会不会改变。

当这群孩子在9岁时回到实验室接受行为观察与测量之后，研究人员发现，只有三分之一的孩子从头到尾留在同一组，也就是有三分之二的孩子"换组了"！有的由原来的害羞组换到中间组，有的由大胆组换到中间组了！实验里还包括的脑波检查与核磁共振摄影扫描也显示出相同的结果——有三分之二的孩子气质改变了！

而且连大脑都变了！

　　害羞的孩子如何变大胆，大胆的孩子又如何变为害羞的呢？他们试着从这些气质改变的孩子身上找出原因，发现影响来自环境因素，包括日常生活环境（有爱心的师长、交互影响的手足）或个别生活经验（周遭环境的剧变，如死亡或凌虐）等。一个大胆的孩子可以因为父亲重病进出医院终至死亡而心生忧虑与恐惧，从而变成一个胆小害羞的人；一个害羞的孩子则能在师长的包容、鼓励与手足的带领下，逐渐转到中间组。后天的环境与教养的确能影响气质，连一向被认为最不会变动的害羞气质也不例外。

爸妈可以这样做

1. 花心思了解孩子的气质

台湾大学儿童精神科医师高淑芬统计 1990 年台大儿童心理卫生中心初诊个案的诊断时发现，其中有 23% 的个案并不符合精神疾病的诊断，属于亲子气质特征不一致导致的管教和行为问题。孩子的气质特征确实会影响父母的管教态度和挫折感，以及孩子的人际关系，因此了解孩子的气质主要是在协助家长"知己知彼"。

父母如何察觉孩子的气质属性呢？举例来说，不妨问问自己：

★ 你喜欢见到许多新朋友吗？还是见到陌生朋友会让你有些焦虑？

★ 去陌生地点游历令你兴奋，还是宁愿安静待在家里？

★ 你是喜欢生活中充满意外的惊喜，还是宁愿一切按部就班？

★ 你总是笑脸迎人吗？还是你奇怪为什么会有人老是笑嘻嘻？

★ 遇到邻居你会主动聊天，还是总觉得一个人搭电梯比较清静？

★ 你觉得你"识时务"吗？还是朋友总说你太缺心眼

儿了？

父母可以问自己上述的问题，同时也依此观察孩子，如此一来，对自己或对孩子就会有一个简单的认识。当然也可以进一步与气质的九个向度做联结，会得出更清楚的样貌！

2. 不要标签化孩子的气质

不要随随便便就给孩子的气质行为贴标签，因为事出有因的这个"因"也许出在父母身上——父母没有负责任地去了解孩子的气质倾向。父母若对"天生气质"没有概念，可能动辄说："孩子真的很调皮，以后上学可能坐不住。"或是"孩子脾气很拗，每天都是生气王子。"但这样贴标签对孩子的情绪教养并没有帮助。

案例中的父母分别养育与自己气质完全不同的孩子，他们所花的时间与所用的照料方式自然要有所不同。生性活泼、个性外向、善于交际的爸爸如果没有体认到这一点，经常责备害羞内向的孩子，就会在亲子互动中给孩子许多压力，也许将使得他更加胆怯；如果可以不逼迫孩子，同理他紧张害羞的情绪，让他先从他较熟悉的长辈开始打招呼，并在恰当的时候给予赞美，效果一定会好很多。

如果父母没有体会到跟孩子气质上的不同，而给孩子贴上"真是令人头疼的孩子"这样的标签，也一样干扰了孩子的自我感受。

3．了解孩子的气质，帮助孩子融入群体

了解孩子气质的意义在于协助父母对孩子的天性有更深入的认识，然后用对的方法帮助孩子更好地融入团体，从容地从环境中获得滋养，长成身心健康的孩子。

这并不是说父母要努力去改变孩子的气质。以前述为例，害羞的孩子一定要变成爸爸期待的善于交际吗？不然。有许多慢热害羞的孩子也可以自得其乐，在自己的舒适圈里过得很好！师长们要视孩子的气质表现与整个环境的互动程度来决定如何协助他们。例如：若是太过害羞，在现今社会里生活可能会很困难，那么家长就应在同理其气质的基础上，逐步给予指导。

☞ **情绪教养** 重点

- ❖ 气质无关好坏。
- ❖ 勿标签化个人气质特色。
- ❖ 尊重个体差异。
- ❖ 勿使成人情感需求扭曲孩子的成长。

☞ **教养叮咛**

深入了解自己与孩子，找出家人间的异同！发现了吗？用心就能找到！

你的爱属于哪一型

依附关系越安全，孩子才越有勇气探索！

案例

森林里有四个小孩：Ａ宝、Ｂ宝、Ｃ宝与Ｄ宝。

Ａ宝家有一根食物烟囱。就像圣诞节圣诞老公公会由烟囱下来送礼一样，只要Ａ宝饿了，按下按钮，食物就会掉下来，从不失误。因此，Ａ宝愉快地在家玩耍，也经常出去溜达串门子！反正饿了家里一定有食物！而且食物种类丰富，健康又营养，Ａ宝很放心也很快乐。她成家后也给自己的孩子盖了一间房子，装了食物烟囱，希望孩子如她一样过得很幸福。

Ｂ宝家也有一根食物烟囱，但是无论他怎么按，绝大多数时候都拿不到食物，就算偶尔掉下了食物，也都是冷冰冰的隔夜菜，所以 B 宝宁愿自己出去觅食，因为食物烟囱对他来说只是可有可无的装饰物而已。B 宝到了适婚年龄并不想成家，他只想重新盖一间房子，再装上一根食物烟囱。B 宝认为靠自己最实在，所以装新的食物烟囱从画图、监工、制造通通自个儿来。

C 宝家的食物烟囱经常失灵，每隔一两天就会罢工！不得已，C 宝有时候不饿也会跑去单击按钮，看能不能多累积一点存粮，以防哪天烟囱又罢工。C 宝经常感到不安，她习惯有事没事就去单击食物烟囱按钮，所以家中总会贮存着一些快坏掉的食物。C 宝婚后新建了一个家，也装了食物烟囱，但她还是不改老习惯，经常下意识地按按钮，确认有没有食物。有时候食物出来的速度慢了一点，她就非常焦虑；食物若不合她的意，C 宝也很容易发脾气。

D 宝就更加可怜了，他的食物烟囱几乎是坏的，无论他怎么按，绝大多数时候没有食物掉出来。更惨的是，还经常无预警地掉落一些石头，弄得 D 宝一身伤，因此 D 宝对食物烟囱一点好感也没有，有时候当 D 宝在外寻找了一天食物以后回到家，看到烟囱，便会恶狠狠地瞪它，偶尔还会过去踢它一脚。D 宝长大后离家，自己盖了一间新房子，但完全不想再设食物烟囱了！

依附关系影响孩子的成长

现在我们把这根食物烟囱换成爱的烟囱，从烟囱里掉下来的是父母的照顾与爱心。

A宝父母给的是安全健康且从不间断的爱，所以形成了安全型依附（统计上占65%）；B宝父母给的是冷漠的回应，形成逃避型依附（占20%）；C宝父母给的是一种阴晴不定、时给时不给的不确定的爱，因此形成矛盾（焦虑）型依附（占10%～15%）；而D宝父母最糟糕，会忽略、责打，甚至虐待孩子，形成的是错乱型依附（占10%～15%）。上述四种亲子关系中，除了A宝是安全型依附，其他三种都属于不安全型依附。

儿时与长期照护者（大部分是父母）形成的依附形态，因其模式塑造时间相当长久，又处于孩子大脑发育最重要的阶段，所以影响非常深远，经常会影响到孩子的价值观以及未来建立自己家庭时的态度。

依附关系越安全，孩子越有勇气出去探索

依附理论演变到现在，至少历经三代科学家了。这项研究可帮助父母更了解孩子，与孩子建立良好的亲子关系。

早期的依附理论宗师是英国的约翰·鲍比（John Bowlby），他在担任医学生志愿者时期遇到一个母亲经常不在身边的青少年惯窃，其行为表现非常缺乏情感、冷淡且孤立，这引起了他的好奇。

尔后他陆续观察到第二次世界大战时众多流离失所、蜷曲在孤儿院的孤儿，以及为躲避敌军空袭而不得不与母亲分开的儿童。这些孩子在与母亲分离后表现出的抗议、失望、焦虑与漠然令他吃惊。后来他在1960年提出依附理论，说明母亲与孩子的亲密联结在孩子成长过程中的重要性。

他的依附理论阐明，这种母子的强烈联结缘自演化所需，因为未与母亲产生联结者容易成为掠食对象，并且若这种关系失常，可能产生严重的情绪问题。换言之，依附关系不只是生存所需，也是美好生活的起点。

现在看来理所当然的结论，在当时可不是"想当然尔"！在那个时代，越是有钱人家，亲子互动越少，一个孩子一个奶妈的情况比比皆是，连鲍比本身也是如此。当时普遍的信念是，过多的爱只会宠坏孩子！孩子应该与父母分离，加以训练才对。

接着，鲍比的加拿大学生——玛丽·爱因斯沃斯（Mary Ainsworth）用简单又聪明的陌生情境实验证明了鲍比的理论，而且拓宽了依附理论的广度。她的实验是先观察孩子在母亲离开后如何与陌生人互动，接着观察母亲回来后孩子如何与重逢的母亲互动，以及其后两人如何一起与陌生人再度互动，最后得出结论。

爱因斯沃斯根据实验结果，不但分析出不同的依附形态，还指出安全依附就是安全堡垒！依附关系越安全，孩子越有勇气离开母亲出去探索！如果把彼此的爱比喻为联结父母与孩子的一根绳子，那就是，爱越多，绳子越长越坚固，孩子的探索范围就越广。

她还指出，发展安全依附关系的重要条件是，母亲要能敏锐地读出孩子的需求信号，也就是，父母要用心！若整日惶惶然而不知孩子的内心世界，则无法形成好的依附，有时反而会形成爱的牢笼，使孩子无法向外探索。

第三代依附理论科学家玛丽·梅因（Mary Main）研究跨世代的依附关系。她发现，依附关系所形塑的心理运作模式的的确确能产生跨世代影响。梅因的研究中较广为人知的是成人依附关系面谈。面谈中，成人针对自己儿时的亲子关系回答问题，并思考这些经历的影响。结果梅因发现，这个访谈结果竟然可以相当准确地预测这些成人未来与自己孩子的依附关系。所以，依附关系是会跨世代影响的！

依附理论修正了弗洛伊德式的亲子关系论——不再是有奶便是娘，亲子关系不只是口腔期的满足而已。成人对孩子关怀的敏感度关系着孩子安全感的建立，这与奶一样重要！

梅因的第三代依附理论也解除了某些人对在儿时没有形成安全型依附的焦虑。她的研究显示，即使过去是在不安全型依附形态下长大，但是在往后迈向成人的道路上，如果反思不安全的依附关系过去对自己造成的影响，并修正路线，未来仍会与自己的孩子形成安全的依附关系！

爸妈可以这样做

1.认真了解依附关系的影响

安全型依附中的孩子有安全感，情绪调节能力最好，而且能有较多正向情绪，探索环境的能力也较好；而不安全型依附中的孩子则依据不同形态，有的较冷漠，有的焦虑或对他人信任度低，不一而足。

也许有人会问：这么说来，父母的爱要持续不断、时时供应、绵延不绝？如此一来，有没有造成"溺爱"的可能呢？这个问题也可以由食物烟囱来想一想！如果出来的食物都是孩子爱吃的零食，他们也许因为不懂而高兴得很，但这是父母该做的吗？这就是没有原则的"无限供应"。但是如果你准备的食物都是健康、有营养、符合身体需求的，那就不会有问题了。爱的烟囱同此理！

好的食物烟囱要让孩子放心、可以信任，而且要提供健康美味的食物，不光如此，适时适量才有益身心。进一步说，安全型依附是在充满爱的环境里，设下该有的界线、该遵守的规矩，让孩子将来在社群里知进退，滋养人际关系。

父母的回应与孩子依附关系的形成

依附形态	占比	孩子的情况	父母响应孩子的态度	对孩子的影响
安全型依附	65%	有安全感，喜欢探索，快乐的	*快速，敏感，一致	孩子相信自己的需求会得到满足
逃避型依附	20%	不喜爱探索，比较冷漠	*冷漠，少响应	孩子怀疑自己的需求是否会得到满足
矛盾型（焦虑）依附	10%～15%	焦虑，无安全感，生气的	*不一致 *有时敏感，有时冷漠 *如何对待孩子是依成人自己的需要，而非孩子的需要	孩子不相信自己的需求会得到满足
错乱型依附	10%～15%	抑郁，生气，被动，无反应茫然，冷淡，充满敌意，暴怒	*极度善变，有时有暴力 *使他人或自己恐慌 *被动或过度介入	孩子对自己的需求会得到满足与否十分混乱

2. 除了爱，还要有知识

研究显示，形成安全型依附的照顾特质是敏锐的（辨识出孩子的需求）、正向的、同步的（同理孩子，适时互动）、互相的（体认亲密关系，专心于共同事物）、支持的，以及提供刺激与教育，单单有爱是不够的！形成良好的亲子关系及建立安全型依附，要有知识，还要有自省力！

☞ 情绪教养 重点

- ❖ 食物不能有一顿没一顿，否则孩子会营养不良，"爱"也是一样的。
- ❖ 在缺少爱的冷漠环境里，会形成逃避型依附。
- ❖ 有时爱，有时不爱，会产生矛盾型依附。
- ❖ 施虐的环境产生错乱型依附。
- ❖ 有着敏锐的爱的环境产生安全型依附。
- ❖ 依附关系容易代代相传，除非你反省并修正。

☞ 教养叮咛

发现了吗？对自己与上一代依附关系的反省，是能否与孩子形成安全型依附关系的关键因素！

过去如何影响未来

原生家庭依附关系影响孩子的自我价值

案例

我在心理咨询研究所实习时，曾在大学辅导室实习过一阵子。有几个个案就是当事人与父母的关系剪不断，理还乱，也因此深深影响着他们对恋爱对象的"趋避性"。其部分原因可以追溯到他们与父母的依附关系上。

就以玛莉莎的故事来说好了。玛莉莎年轻、活泼又美丽，尤其是那玲珑有致的身材更是常让人目不转睛。照理说这样的女孩后面应该跟着一大群男生，她却因男友们最后都离她而去前来咨询。

玛莉莎的男友们离去的理由都一样——想有一些自

己的空间与时间。抽丝剥茧后才知，玛莉莎有着与个人条件极为不相称的不安全感，只要一进入恋爱状态就开始绝命连环电话，且要求对方使劲宣誓效忠。不仅如此，她还会侦探般多方查证"口供"，待水落石出才肯罢手，难怪男友们最后都受不了了！尽管朋友们都觉得她是个很甜美的女孩，她却总是觉得自己配不上别人。

另一个女孩雷秋，则是被交往许多年的男友伤透了心。雷秋很喜欢男友，而男友对她也不错，但只要雷秋主动表现出亲昵，他就马上"退避三舍"，而对于雷秋的婚约暗示，男方更是往往当作没听到，这让雷秋颇为受伤。对此，雷秋十分困窘与迷惑，似乎只要一触及建立家庭这个话题，两人瞬间就从相吸的磁铁变为相斥……

还有一个研究生被男友伤得比雷秋更重。寄发了婚礼邀请函，一切看似准备就绪，最后竟然发生新郎叛逃事件。她完全不能破解个中谜团，最后认为可能是自己不够好，才导致男友临阵脱逃，情绪也因而跌到谷底。

成人间的依附关系，其实与儿时亲子依附关系有很大的关联。当然，类似事情的发生，不尽然都与原生家庭依附关系有关，不过这是一种重要的可能。要发展出稳定且具安全感的关系，有时候必须要从反省亲子依附关系如何影响自己的价值开始。

父母稳定的爱，使孩子有爱人与被爱的能力

孩子的依附关系

前面我们提到，依据照护者如何给予孩子爱的回应划分出四种依附关系：

1. 安全型依附： 照护者对孩子爱的响应快速、敏感且一致，不会今天高兴就对孩子特别好，明天不高兴就打骂。

2. 逃避型依附： 缺乏爱的响应，照护者冷漠，孩子大部分的时间只有自己。

3. 矛盾型依附： 爱的响应多变而不一致，孩子弄不清楚照护者何时会爱他、何时会讨厌他。

4. 错乱型依附： 爱的回应不但不一致，还经常夹杂着体罚、恐吓、忽视或虐待。

成人的依附关系

孩子在与照护者的长期相处中，会逐渐架构出与他人建立关系的心理运作模式，然后在成长过程中将其慢慢内化成自己的一部分，形成人际关系发展的雏形。事实上，成人的依附关系也可以分成四种：

1. 安全型依附： 可以放心被爱也可以爱人，可以依赖他人也可以被依赖。这种人不会怀疑他人对自己的感情，不害怕与人交往，也不担心被遗弃。

2.淡化逃避型依附：不怎么相信他人的感情，认为靠自己比较实在，如果感情关系变得亲密就会想逃。

3.焦虑矛盾型依附：既期待又怕受伤害。老是担心对方不爱自己，东想西想还疑神疑鬼，对自己是否值得被爱也没有信心，觉得自己掏心掏肺，最后却总是得不到同等的回报，心中充满焦虑和矛盾。

4.恐惧逃避型依附：关系一旦转为亲密就觉得不舒服，不相信自己会有人爱，也不相信自己可以与他人建立亲密关系，基本上对于人我关系会感到恐惧。

依附关系对一个人的影响真的可以用"纠缠不清"来形容。如果小时候父母给你爱的响应是一致的，以后你就会有爱人与被爱的能力，且对自己及别人的看法也都是正向的。如果父母对孩子经常冷漠以对，那孩子成年后就不容易相信他人，只相信自己，也会质疑人间是否有真爱存在。

如果父母对孩子的态度时热时冷，易让他摸不着头绪，孩子长大后就容易变成一个"讨爱"的人，因为过往经验会让他对爱产生不安全感及焦虑，所以他想要紧抓住眼前的爱。如果过去的亲子关系充满负面经验，成年后一旦亲密关系滋长，他就会本能地想逃避，态度既趋又避，处在矛盾中，这也易使另一方无所适从。

证据会说话

检视不良依附关系可避免跨世代影响

我们可以粗浅地对成人依附关系做如下归纳：

爱自己的能力

		强	弱
爱他人的能力	强	安全型依附	焦虑矛盾型依附
	弱	淡化逃避型依附	恐惧逃避型依附

玛丽·梅因博士的研究补缀了儿时亲子依附与成人依附的缝隙，使我们得以一窥其中的转折。她于1982年做了一个跨世代的依附关系追踪，分析孩子（第三代）现在的依附关系，也通过与父母（第二代）进行访谈得知其成人依附形态以及与祖父母（第一代）的依附关系。到了1995年，她继续做当年第三代（长到19岁）的成人依附形态分析。

惊人的是，父母的依附访谈（第二代）与第三代呈现的亲子依附雷同度很高。然而，人类的心理层面并无绝对的结果论，因为我们不是一直只待在家庭里。我们生存的社会，小到家庭，大到学校、社区、国家以至整个世界，而这些无时无刻不在影响着我们。在人生的任何一刻所遇见的每个人、阅读的每本书、听到的每句话、经历的每件事，都有可能改变我们。

亲子依附关系与成人依附关系也是一样。纵使其传承比例很大，但仍非"若 A 则 B"的数学题。综合许多研究报告，我们几乎可以说，依附关系传承的关联性大约是"中度"相关性，这丝毫不容小觑。

爸妈可以这样做

1. 深入你本身的依附关系

什么是改变成人依附的重要关键？答案是"习得的安全依附"。你可以因为不想成为原有不安全型依附的受害者而从其他的互动与经验中"习得"安全依附。

玛丽·梅因博士从她的成人依附访谈中得到这样的结论：你必须重新解读你的依附关系！首先，你当然要追根究底：你的过去是怎样的？父母与你的关系如何？你有一个什么样的童年？它又如何形塑你这个人？然后，试着与"过去"和解，赋予童年事件新的意义，接着大步向前走。

前面提到的玛莉莎在心理治疗期间，被引导回想童年时与母亲的关系。她的母亲会因某件事抱她、亲她，隔天却又因同一件事骂她、打她。后来玛莉莎逐渐了解到，自己的低自信缘自母亲时热时冷的态度。年幼时她常以为自己不够好，所以就加倍讨好妈妈，直到年长，便转而讨好男友，"绝命连环电话"只是她没有安全感时抓住的一根稻草而已。

2. 重新解读你的依附关系

玛莉莎开始面对心中的那个小小孩，试着重新看待母亲与自己过往的关系："我其实是好孩子，是好人，过去妈妈会如此，是因为她当时太年轻，日子压得她喘不过气来，而不是我不够好……"从那时起，玛莉莎重新省思母亲与她的依附关系所造成的影响，抽丝剥茧，从而建立起"我绝对是一个值得爱的人"的信念。抱持着这个信念，玛莉莎希望未来可以对爱情关系里的自己更有信心。

事实上，所有父母都应该反思自己以往的依附关系，想想这些是如何形塑自己的，以及自己是否可做什么改变来强化亲子间的安全型依附关系。

☞ **情绪教养** 重点

- ❖ 亲子依附与成人依附之间有很高的延续性，然而这是可以改变的。
- ❖ 当你一再地在关系中遇到相同的问题时，要反思过去的经验可能造成的影响。
- ❖ 避免世袭不安全依附形态，父母要对依附关系有一定的认识。

☞ **教养叮咛**

发现了吗？安全型依附下长大的父母固然容易养育出安全型依附的下一代，然而在不安全型依附关系中长大的父母若能解析自己的不安全依附，从中发掘真相，与内在小孩相遇再暖心拥抱，也能养育出安全型依附的下一代。

教养笔记

第 **4** 章

情绪拆弹

处理婴儿情绪，
不要硬碰硬

成长必经的陌生／分离焦虑

焦虑正是启动学习的好时机

案例

　　婆婆年纪大了，很难整天照顾孩子，于是白天上班前妈妈得先送孩子到保姆家。可是孩子一看到保姆就转头紧抱着妈妈，让妈妈心如刀割。"以前宝宝跟什么人都可以，没想到一看到保姆就哭，搞得我也弄不清楚保姆是不是值得信赖。"孩子不想去保姆家该怎么办？

＊　＊　＊

　　宝宝刚上幼儿园，每天都跟妈妈在幼儿园门口上演"生离死别"。宝宝就像是受到惊吓的无尾熊，抱树干一样紧抱着妈妈，虽然妈妈试着拨开他的手，老师们也硬将宝宝从妈妈身上拉开，但他依然意志坚定地不松手。几个大人最终还是在力量上胜过宝宝，他就在这样的拉拉扯扯下被拖进了幼儿园。

"每天早上送他去幼儿园，我都觉得好心疼喔！刚开学时很多孩子都这样，但现在只剩我们家宝宝这样。该怎么办呢？"妈妈的情绪也跟着宝宝起伏着。

＊　＊　＊

"快走！趁他没看到你，赶快先出门！"公婆不停催促妈妈去上班，因为每天妈妈上班前，孩子总不让她离开家门，更准确地说，是当妈妈拿起皮包时，宝宝就开始满地打滚了。

"乖，跟爷爷奶奶在家，睡完午觉，吃完点心，妈妈就下班回来陪你！"本来妈妈会耐着性子跟孩子解释，可是因为孩子总是哭哭闹闹，于是公婆建议妈妈偷偷溜走，但这么做会不会对宝宝的心理有不良的影响呢？

孩子的焦虑也感染到你们了吗?

大部分婴儿在 6 ～ 8 个月大时，会开始产生对人及情境的害怕恐惧。之前被偶尔来访的外公外婆喜滋滋地抱在怀里暖心的心肝宝贝，开始"不从"，头一转，甚至开始哭泣，让一心思念的长辈不免有些失落！这个"生人勿近"的现象，我们称为"陌生人焦虑"。

对陌生人的焦虑约在与父母形成依附关系之后逐渐显现，常令父母一则以喜，一则以惧。喜的是小孩对自己付出的爱有了响应，那种被需要的感觉多么令人欣慰；惧的是暂时恐怕没有帮手可以替代自己做照顾工作。孩子在稍大、更加懂事时，看到妈妈换了衣服拿起皮包准备出门，就会开始大哭，这便是"分离焦虑"。这种焦虑在 1 岁半左右就很明显，之后甚至可持续到小学，但每个孩子会有个体差异。

这些焦虑与恐惧原本是人类生存的武器，用以应付可能的敌人与恶劣的环境。可是在现在的社会，父母急着出去谋生赚钱，如果日日上演生离死别的戏码，心疼之余，还真是颇为头痛呢！婴幼儿小小的脑前额叶的确一时也无法发展出能够了解"离开了还会再出现"的认知，而这个认知往往需要时间累积形成。

孩子焦虑正是启动学习的好时机

首先解释一下什么是焦虑、什么是害怕。焦虑是无明确对象、模糊、广泛、不明确的担心；害怕则是有具体的威胁对象。举例来说，在暗暗的房间里，你隐约感到不安全而开始焦虑，其实你什么也没看到；但如果独睡于黑暗的房间里，却听到窸窸窣窣的声音，再加上掠过的黑影，你就会知道有人入侵，因而感到害怕。但是实际上，焦虑与害怕是共生、互生、丛生的……

更进一步来说，焦虑是因缺乏对事情清楚的认识而产生的担心。幼儿会对妈妈离去感到焦虑，是因为他的认知还没有成熟到知道妈妈一定会回来，也还没有明确地了解到，有上学就一定有放学。此外，幼儿也因无力感而焦虑，一方面没有足够的表达能力来叙事，另一方面也尚无独立的行动力，只能依赖最亲近的人。此时，如果家长因为不了解焦虑的来龙去脉而对孩子的焦虑哭闹发脾气，那么焦虑又会转成更具体的害怕，产生更糟的加乘效果！

父母若能了解到幼儿焦虑发生的原因是认知欠缺、混淆与无力感，那么就能用同理心来看待孩子，并想出对策协助孩子了解情况与发展行动力！所以，我们也可以正面看待焦虑，因为适度的焦虑正是启动学习、制造与累积成功经验的好时机。这是多好的教育时刻啊！

💡 爸妈可以这样做

父母要了解，这些焦虑是成长过程中的正常现象，不要对此心生不耐，这样反而会将这个过程拖得更久。以下几个方法供大家参考。

1. 孩子有"陌生人焦虑"时就这样做：

★ 遇到陌生人时，要有熟悉的人在侧，增强其安全感。

★ 照护者态度要自然、愉悦，不要立刻把焦点放在宝宝身上，先让他有时间观察环境与陌生人。根据社会参照力，幼儿会依据父母的行动来反应。例如：父母很紧张的表情会使孩子不敢继续手边的活动；父母谈笑风生，孩子会觉得一切没什么大不了的。

★ 如果是初来乍到的保姆，那就更需"前置作业"。提前好几天就要按剧本慢慢演出，使宝宝对她渐渐熟悉，产生好感，进而接受。

★ 有时候我们会遇到"很不识相的陌生人"，导致孩子的信任快速崩解，因为他们饿虎扑狼似的"讨抱"，掐着小脸，还要前后摇一下，连续发出"好可爱哟"这样的呓语，吓得孩子魂飞魄散。对这种不识相的大人，父母要"预防胜于治疗"。能够的话，事先委婉请其配合；对说不通的人，只好少见为妙。

★ 释放消息给"陌生人",请他先与孩子保持距离,面带微笑,然后再慢慢靠近,甚至请他递给孩子熟悉的玩具以示友好。

2.孩子有"分离焦虑"时就这样做:

分离焦虑常发生在妈妈将孩子送至保姆家、幼儿园或祖父母家时。其实父母可以在事前花点心思做些"预防"功课,例如:平时就延长"消失"在宝宝眼前的时间,比如加长上厕所的时间,或当宝宝玩得出神时,就近消失几秒,但宝宝一寻人就马上出现,让他知道妈妈有时会消失,但会再出现。常常与孩子玩捉迷藏,也是在做"妈妈消失,又出现"的练习。

如果孩子有分离焦虑,千万不要不耐烦。我常常告诉饱受分离焦虑之苦的妈妈:"别懊恼!这也许是孩子这辈子最不想离开你的时刻,未来你希望他黏着你,也许……再也没有了!"那该怎么做呢?

★ 照顾者尽量是平时就与孩子互动的熟人。

★ 继续依照小孩的常规来照顾。

★ 事前带孩子熟悉新环境,无论保姆家还是幼儿园皆然。大人小孩一起来到新环境时,父母的态度要自然、温暖。

★ 尽量准时接孩子。如果孩子开始害怕分离,父母可以说明回来之后可以一起做什么。

★ 如果孩子说会想妈妈，妈妈应表示同理，给他一个小东西或在手上盖一个吻，给他一个依靠。例如，你可以说："要跟妈妈分开，你一定舍不得，妈妈也是。那妈妈留一个亲亲在你手上，想妈妈时就闻一下，就好像妈妈在身边喔！"

★ 绝对不要因为他的哭闹而威胁不爱他了。

★ 见到孩子时，告诉孩子你很高兴又跟他在一起。

3. 孩子有其他焦虑时就这样做：

其他林林总总的焦虑呢？你可能会发现，原本再平常不过的事，现在孩子却不敢做。譬如：不敢上厕所，连妈妈下楼倒一下垃圾都大哭，还有越来越怕外公外婆，看见隔壁常见的邻居也吓得大哭……

其实，有移动能力但无行动能力的宝宝是很矛盾的！一方面希望妈妈走开，好让他可以自己来（想学习独立）；一方面又要妈妈能随传随到，最好还能高高兴兴收拾残局。此外，幼儿还不知道，生气与爱是可以并存的，有不少孩子会在母亲生气时怯怯地问："妈妈，你还爱我吗？"其实就是因为他看不清楚，所以必须不停地确认，若是父母不明白这一点，没有立即回应，孩子只会更加焦虑，会再三确认你对他的爱。

4. 孩子焦虑时一定别做这些事：

面对婴幼儿的种种焦虑，下面这些事一定不要做。父母多用点心想想焦虑背后的声音，就不会跟着孩子一起焦虑了！

★ 不要没有任何前置准备就离开孩子，别将他交给尚未建立起信任关系的人照顾。

★ 别用遗弃孩子作为威胁。千万别说："如果你不乖，我就叫警察来抓你！""这么坏，我不爱你了！""你不走，就自己在这里好了！"

★ 别利用孩子对你的爱来使他焦虑，比如："你哭得我的头要爆炸了！""气死妈妈，以后谁照顾你？"

★ 别用处罚或威胁，这些将导致更多的焦虑。

★ 父母过度焦虑，担心这，害怕那，也会使孩子对父母的焦虑产生"共鸣"。

☞ 情绪教养 重点

❖ 幼儿焦虑的原因是认知欠缺、混淆以及无力感。

❖ 从同理孩子起步，你就会有相应对策以协助他们了解情况与发展行动力。

❖ 正确认识陌生人焦虑、分离焦虑及其他焦虑，并正向看待。

❖ 前置说明、慢慢熟悉、耐心满满是纾解焦虑三要素。

❖ 别用处罚、威胁、权威或视而不见来处理。

❖ 别与孩子的焦虑共鸣。

☞ 教养叮咛

发现了吗？理解孩子可能有的感受，并倾听他们内心的小独白，那么处理婴幼儿焦虑的方法便应运而生。

孩子的慢热、害羞

不要对孩子的害羞表现感到歉意

十多年前，一位新认识不久的朋友带着她就读于美国某高中的孩子来家中拜访。我提醒读初中的女儿要打招呼，女儿却扭扭捏捏轻颔一下头了事，一时之间有些尴尬，于是我说："不好意思！她比较害羞。"没想到过了两天，这位妈妈有些为难地来电，说拗不过她那在美国受教育的女儿的要求，只好打电话来："我们觉得你标签化孩子的害羞是一件不太好的事！"这下我见识到了美式想法与作风，却也给了自己对"害羞"重新省思的机会。为什么孩子表现得害羞，我会升起歉意？

有一位妈妈提到，她自己很害羞，可是不希望孩子跟她一样，理由是，她在面对陌生人或不熟悉的活动时总感到紧张不安，相当羡慕他人能与陌生人侃侃而谈，希望孩子也能拥有那种自在，可是孩子偏偏也难以融入陌生情境……

"很难啊！有时候我自己都想转身走开。"她说。

"当你独自一人或是在熟悉的环境里时，是不是舒服多了？"我问。

"当然啊！可是如果通过训练，他是不是就可以克服害羞呢？"这是她心里最大的期望。

"所以你觉得大方的人的舒服感，比你独处时的舒服感好？要不然为什么一定要他克服呢？"我问。

"嗯……也不是……也许是因为这样可以增强竞争力，在现代社会里要成功，人际关系一定要好。而且我希望他能有好人缘。"她说。

真矛盾啊！我们当父母的总有些连自己都说不清楚原因的期待。

💡 害羞不等于退缩

害羞与退缩意思上有部分重合，但并非画等号。在这里要稍微解释一下这两个名词，帮助父母更快进入状况，避免过度焦虑。害羞与先天气质相关，但也有一些孩子的害羞是后天造成的，一些负面的经验也可能使孩子变得害羞甚至退缩。例如：照护者没有提供安全的依附关系；没有社交引导以致孩子不知所措；经常严厉对待或处罚而导致退缩。

★**害羞**：害羞是指对新人物、新环境、新社交情境采取保持距离、不轻易接触的态度。从生物学上来看，害羞的人多半对新事物有较强的生理反应（心跳快、呼吸急促、瞳孔放大等），所以会本能回避，或需较长时间适应，因此也可以说，害羞的人在这些状况下紧张焦虑的强度比较大。

★**退缩**：是指拒绝沟通，难以鼓励或加温。害羞的孩子在熟悉的环境里可以如鱼得水，给他时间就可以适应环境；退缩者则难以融入环境。

换句话说，害羞者其实是想参与活动的，只是一时还无法克服心理及生理反应，而退缩者则缺乏参与的意图。

"我的孩子在开始玩之前，比其他孩子多需约一小时来习惯环境。"——**这是害羞。**

"他就是不跟别人玩，都是自己在角落里。"——**这可能**

是退缩或自闭倾向。

害羞有什么不好吗？根据上述论述，害羞并不是一种需要被"修补"的"异常"，而是一种特质！父母无须犯下我先前的错误——替孩子的害羞道歉，这样做，反而使得孩子以为自己是差劲的，莫名其妙地被迫贬低自己。

如果父母自己不了解情况，总是勉强孩子"迅速融入"情境，的确会给孩子贴上标签，因为你正释放出一个信息："这样害羞是不好的，必须改正过来！"父母过于急切地催促，有时反而将他由害羞端推向退缩端（当然有些退缩不是由害羞衍生而成的）。

害羞的孩子常有敏锐的观察力

之所以不喜欢孩子害羞，也许是因为我们认为这个特质会影响人际关系或未来的发展，甚至以为害羞的人将来会比较孤独寂寞等。但是害羞者没有优点吗？许多慢热害羞者常常是敏锐的观察者，较多的独处时光也使得他们思虑周延或想象力更丰富，同时也常是最佳聆听者。我们喜欢大方的孩子，往往是因为反射性地将大方等同于具有自信心。是这样吗？落落大方固然看起来比较自信，但也可能有许多隐而未见的自卑躲在里面！

如果你的孩子属于慢热害羞型，请协助他对自己有信心。但是对于有些情况家长要注意，甚至还要带孩子就医，因为这些状况隐含严重的发展问题：

★ 与他人缺少眼神接触；

★ 缺乏放松感，隐含害怕或愤怒；

★ 连家人也不喜靠近接触；

★ 伴有其他发展迟缓现象。

💡 **爸妈可以这样做**

1. 陪伴害羞孩子的时间顺序

罗纳德·拉里（Ronald Lally）把面对害羞幼儿时家长该怎么做按时间顺序摘要出来，颇值得参考。

① **陪伴**

② **对谈**

③ **退场**

④ **随侍**

⑤ **推进**

如何应用呢？我试着以下面的情境剧说明。

孩子躲在身后，不与沙坑里其他孩子玩。

妈妈："我们一起来看看这些玩具。"→陪伴

妈妈："那个铲子跟你喜欢的铲子很像喔！像不像家里的？有哪里不一样吗？"→对谈

孩子拿起来，妈妈微笑离场，在旁不干预，让他有机会主动参与。→退场

孩子又丢下，过来再黏着妈妈。

妈妈："橘色的大铲子会不会更好铲沙呢？要不要一起试试？"→随侍

孩子试着铲沙，母亲给予鼓励，再加入其他玩具。→
推进

2. 孩子害羞时就这样做

四要

一要：要体谅→人人都有自己的特色！

二要：要支持→孩子只是多需要一点时间。

三要：要耐心→慢慢放手，视情况帮忙。

四要：要准备→社交对话游戏、简单的互动机会等。

3. 孩子害羞时一定别做这些事

四不

一不：不贴标签。

二不：不催促。

三不：不为害羞道歉。

四不：不未经讨论就把他放在镁光灯下。

"来来来，弹奏一曲给大家听！"→说这种话、做这种事肯定不会有好结果。

☞ **情绪教养** 重点

❖ 孩子的慢熟害羞，并不是一种需要被"修补"的"异常"，而是一种特质。

❖ 面对孩子害羞的特质，牢记"四不"（不贴标签、不催促、不为害羞道歉、不未经讨论就把他放在镁光灯下）。

❖ 面对孩子害羞的特质，牢记"四要"（要体谅、要支持、要耐心、要准备）。

❖ 若缺乏与他人眼神接触，或连家人也不靠近，或有发展迟缓现象，则应就医。

☞ **教养叮咛**

发现了吗？对具害羞气质的孩子，越催促，他越无法融入，所以请慢慢来吧！

秒变愤怒鸟的孩子

面对孩子的愤怒表现，该硬碰硬？

案例

在公共场合你一定见过幼儿撒野发脾气的场面，但父母值得称许的处理方式还真是不常见。印象最深的莫过于某天在百货公司地下街蛋糕店玻璃橱柜前的一幕……

"我要买！我要买！"大约3岁大的孩子正指着五颜六色的蛋糕叫喊。

"不可以！你刚刚已经吃了一块巧克力蛋糕，你吃不下！"妈妈说。

"要！要！要！"那些蛋糕真漂亮，不仅小孩被深深吸引，连我都想来一块。

"走，我们去看巧虎，那里有巧虎！"妈妈试着转移孩子的注意力。

"不要！不要！"小朋友硬挤在橱柜前，弯着身体，大哭了起来。哭声惊天动地，引起了众人的注意。

"这样没有用的！我不管你了！"妈妈从孩子身边大步走开。

因为孩子还没大到跟得上妈妈，于是干脆倒地，哭得声嘶力竭。

可是这位妈妈的意志还真是坚定，说不管就不管，一溜烟便不见了踪影。于是众人把焦点放在孩子身上，七手八脚想帮忙，有些人抬头想找妈妈，有些人四处张望。

此时妈妈突然现身："不要理他！每次都顺他的意，以后怎么教？！"

众人略显尴尬，留下在地上打滚的孩子。

父母处理的方式决定孩子如何调节抒发情绪

　　幼儿大发脾气，打滚耍赖，大人究竟该开战还是投降？有句话是这样说的："两岁孩子连猫狗都嫌。"之所以会这样说，原因是此阶段的孩子经常这样也不要，那样也不行，不择地皆可哭闹，让父母摸不透心思，一个头两个大。

　　学步阶段是自我意识开始萌芽的时期，可是因为此时行动力仍显不足，所以挫折感便排山倒海而来；而哭则是他们面对挫折时最常表现出的一种方式。

　　父母不禁要问："是孩子有问题，还是我有问题？"至此信心全无。其实，生气只是幼儿宣泄情绪的一种方式，也是保护自己战斗本能的一种方式，只要深入了解，父母就不会把它过度简化至"到底是谁有问题？"或是产生"幼儿想要操纵大人"这样的刻板想法。

生气是战斗胜利的前驱物

生气是战斗成功的前驱物，它可以协助你血压上升、心跳加快、瞳孔放大、肌肉紧绷、血脉偾张，最后赢得胜利。但对年幼的孩子，这种生气引发的身体反应太骇人了，也超乎他所能承受的，所以最终只能通过倒地大哭来呈现。有的孩子甚至会使出摔东西、出拳或者咬人的本事。

父母可以试想一下，孩子为何要如此生气，什么原因导致孩子本能地想要战斗，所以才生气。这样的同理便会产生同情心及耐心，而这也恰恰是幼儿生气时家长最需具备的能力。孩子为什么会如此愤怒？

1. 自我感遭到威胁

幼儿时期正是自我意识开始萌芽的时期："我的就是我的，我想要的都是我的，别人手里的是我要的，也是我的。"对他们来说，一切都混沌未明，并无规则可言。所以父母应趁此时教导他们，假以时日他们一定能明白。这种自我感遭到威胁的情况包括：被拒绝（"你不肯买这个给我吗？可是我看到了就是我的。"）、被剥夺（拿走玩具，"我的东西你怎么能拿走？"）、被忽略

（"妈妈对妹妹比较好，明明我才是最重要的人！"）、被责骂……

2. 生理不适

睡不够、睡不着、饥饿、不舒服。在他小小的心灵里，世界是绕着他转的，没有人可以忽略他，所有的不适都应立即消失，如果不是这样……还是只能哭。

3. 压力、焦虑与挫折

换环境、换照护者、生病、环境不稳定（父母吵架、离婚、生活时间表乱了、旅行……）、照护者响应方式不一致（对同样的事件，父母有时候同意，有时生气）等都是原因。另外，挫折感也是一个重要因素——事情做不好（积木掉下来），或预期会发生的事没有发生（会转的东西不转了）时，他们虽然不会说，但心里急得很："为什么大人都不懂呢？"（虽还说不清，意识可是清楚得很呢！）

所以他们喜欢说"不"这个字。"不"就好像是反射性的话，有时，明明是他一定要的东西，却令人又好气又好笑地说"不"。所谓"我不，故我在"，似乎与大人唱反调才能彰显他们的存在。如果父母误入陷阱，没有把这种现象与追寻自我相联结，而是陷入亲子权力争夺战，那么反而会激起孩子的战斗本能，最后两败俱伤。

爸妈可以这样做

面对孩子的情绪爆发，父母怎么做比较好呢？别担心，你的孩子不是唯一这样的，也不是异常的！先有这样的认识及心理准备，你就不会慌张了！

1. 检查孩子有无生理不适

吃得如何？睡得如何？活动力与活动量如何？是不足，还是过度刺激？

2. 控制自己的情绪

很多人经历过或至少见过幼儿在公共场合突然哭得满地打滚，让人措手不及。当事件发生时，父母难免尴尬万分，有时为了面子，反而会责打幼儿，好像在对旁人说："我不是没有教，真的很难教，你看我都这么凶了……"记住，别吼！别火上加油！记住，你是大人！现在是孩子很正常的自我萌芽期。

3. 充满同理心的平和态度

记住，雷霆之怒只是冰山一角，你要比孩子看得更深入。假使你在公共场合（超市、医院、游乐场……），你可以先抱孩子起来，陪他到安全的地方，等他冷静下来！或者，双手环抱他或紧抱他，或只是看着他，说："等你安静了，妈妈才听得清楚你要说的话。我会陪着你，直到你可以说话为止……"父母的坚定态度与陪伴，终归会让孩子停止哭泣，但错误的做法可能会让他不知所措，使场面难以控制！

4. 运用情绪教养技巧

察觉，体认，标示，设限与解决问题。约翰·戈特曼博士（Dr. John Gottman）说，一次良好的情绪教养可以分成五个步骤：察觉彼此的情绪，体认亲子的亲密关系，同理孩子的心情，标示他们的情绪，最后要设限与解决问题。因此，在孩子暴怒时采取这五个步骤：首先察觉孩子的愤怒，体认这是教导孩子的好时机，同理他一心想长大的激动，然后协助他标示情绪（即使他的语言能力有限，还是要让他有情绪语言启蒙的机会）。你可以说："姐姐的玩具你不能玩，所以你很生气。等你小声一点，我们再来找另一个玩具。或是等姐姐不玩了，再借你？……""你哭得太伤心了，妈妈说的话你听不见，等你小声一点再说。你要妈妈在这里，还是要我离开一下？"

5. 做记录

尽量找出诱发因素、重复场景、重复事件，然后思考如何处理，以及处理后的效果与改变结果如何。最忌讳糟糕的家庭剧重复上演！好比说，孩子哭着要东西，母亲的台词永远是："再哭，警察会把你抓走！"但警察不可能来，孩子也学不到应该怎样做才可以降低挫折感。要换个方式说，也要换个方式处理。

6. 要有耐性

别以为只做一次情绪教养，亲子双方就都变成天使。这样想就错了！大人很容易被打回原形，更何况是不解事的孩子。耐心！耐心！还是要靠耐心！

7. 要有礼貌

有实验指出，父母说话的态度越有礼貌（"请""谢谢""对不起"），孩子越会听从父母的指令。而不清楚的指令易使孩子无所适从，从而加重挫折感，延长其持续时间。例如，"请把玩具放入红色的箱子内"就会比"东西老是乱丢，真糟糕"清楚得多。因此，千万不要孩子一生气你也跟着发脾气，否则，你只是在示范，生气是处理事情的方法之一，而且只有更生气，才会在战斗中赢得胜利。

☞ **情绪教养** **重点**

❖ 幼儿的雷霆之怒是自我感发展过程中的正常反应。

❖ 用充满同理心的平和态度面对。

❖ 找出相似的诱发因子。

❖ 大人勿情绪化地责骂，千万别跟孩子比谁会生气。

❖ 记得社会参照力，你的反应是孩子学习的蓝本。

☞ **教养叮咛**

发现了吗？面对孩子的愤怒炸弹，家长越了解，心里越有准备，态度越平和，孩子就越有好榜样可参考。

羞耻感与愧疚感有何不同

当孩子犯错时，你的处理方式对吗？

案例

孩子不认真读书，考试成绩欠佳，爸爸罚孩子跪在马路上，然后路人报警……

孩子偷钱被抓，老师给他挂上"我是小偷"的牌子让他在校园里游行，于是家长提起诉讼……

女儿顶撞父母，父母罚她剃光头参加人生第一场毕业典礼……兄弟在百货公司吵架，母亲要他们当场面壁思过，碰巧被同学看见……

什么样的教养信念会让父母做出让孩子"游街示众"这样的羞辱举动？或者这些父母、师长全无教养理念？

"我付出那么多，他却一点都不知感恩，不学好！"

"我劝也劝了，骂也骂了，打也打了，他就是教不会！"

"都教了无数次了，孩子还是不听话！"

说来说去，就是父母招数用尽，孩子却依然我行我素，终至亲子关系一败涂地。

有一位爸爸很诚恳地寻求协助："我真的不知道怎么做才对。如果有人可以教我，我很愿意照着做！"

有些家长自觉不足，有些则是连有没有问题都弄不清楚，只能因循上一代的做法，或者看电视教小孩，或把自己压抑未解的心理问题在无助的孩子面前拼命宣泄，最后留下满目疮痍的关系及结果。

让孩子产生愧疚感胜于产生羞耻感

在"婴幼儿的情绪发展"一章中提到了科罗拉多州立大学的实验——看两岁孩子如何对同一事件产生不同感受（羞耻感与愧疚感）。

我再对这两种不同情绪简单说明一下：

★ 羞耻感注意负面的自我。（都是我不好！）→想隐藏，想逃开。

★ 愧疚感注意发生的错误。（不好的事发生了。）→来补救、解决！

★ 这样解释后，父母觉得这个差别重要吗？→太重要了！因为这将衍生正负向反应！

3 岁妹妹撕破了哥哥的书！

场景 1

妈妈："你怎么乱撕书？真不乖！等一下哥哥回来看你怎么办！"

妹妹看到哥哥回来，赶快躲起来，还把书藏起来。（我不乖。）→羞耻感

场景 2

妈妈："把哥哥的书撕破了，怎么做才好呢？"

妹妹看到哥哥回来："我把书粘好了，哥哥，对不起。"

（我愿意弥补。）→愧疚感

　　所有人都会犯错，孩子更是从不断的错误中学习。在这个学习过程中，我们要怎么做才不会让孩子产生羞耻感，而是使其拥有健康的愧疚感，愿意去解决与弥补？帮助孩子从犯错中学到解决方法，而不是让他对自己失望，这可是父母的重要任务呢！

父母应避免让孩子产生羞耻感

在许多次家长课上，不少父母表示，最希望孩子长大以后具有道德感。其实道德感与羞耻、愧疚、自尊、自信等复杂情绪十分相关。同样在停车场擦撞到他人的车子，有道德感的人会留下联络方式再离开，有人则逃之夭夭。一个可能的关键就在于心里升起的是勇于面对现实的愧疚感，还是宁愿即刻消失的羞耻感。不可否认的是，大人的世界更为复杂，其中还牵涉到金钱与时间等。不过既然有相当多的家长期待自己的孩子具有道德感，那么对这些复杂情绪更要好好处理。

不知道是不是因为传统上一直鼓励"知耻近乎勇""忍辱负重"等，有些人似乎以为羞辱孩子并无不妥，甚至认为这将使孩子越挫越勇、谦卑向上。但绝大多数的结果刚好相反——被羞辱的孩子反而易发展出放弃自我、不想面对、恐惧犯错、粉饰太平、得过且过等个性特质。

然而，父母真能分清楚愧疚感与羞耻感吗？这两者的界限有那么分明吗？其实不然，许多时候这两种情绪是会一起出现的。可是心理学家朱恩·坦尼（June Tangney）认为，父母应尽可能多地去了解两者，不要让孩子有羞耻的感受，因为一旦升起羞耻的感觉，孩子很容易"见笑转生气"，以责怪他人来推卸责任，或找借口推脱。年幼的孩子若觉得羞耻也很可能把防御转为攻击他人（攻击正是最好的防御），因而经常与他人发生冲突。

犯错是孩子学习必经的一个过程。错误的是行为，这并不代表孩子有缺陷。

💡 爸妈可以这样做

1. 说出事实，勿标签化孩子

弟弟不小心打破哥哥的杯子……

（〇）"你打破了哥哥的杯子，他可能会伤心。"

（×）"这么粗心，这是哥哥的耶！"

* * *

妹妹把饼干全部吃完，没有留给姐姐……

（〇）"你把饼干吃完了，姐姐可能也想吃。"

（×）"这么贪心，一点都没有留给姐姐！"

2. 说出你的感受，勿强加评断

（〇）"你弄坏了这么贵的东西，我觉得很难过。"

（×）"你弄坏了这么贵的东西，真是丢脸。"

* * *

（〇）"我感到难过，你把公用的玩具摔坏了。"

（×）"真让我没面子，别人家孩子都不这样！"

3. 了解孩子，小心用语

每个孩子的气质与敏感度都不同，父母应花时间了解自己的孩子。有些"世代传承"的"无脑用语"，就让它们停止轮回吧！

（×）"我怎么会生出你这种孩子！"

（×）"有一天我会被你逼疯。"

（×）"早知道不要把你生下来！"

（×）"是不是在婴儿室抱错了？"

这种话连大人都承受不了，何况小孩？请改成：

（○）"我想，你一定也不想弄坏哥哥的东西。"

（○）"我想，你大概是一时不小心……"

4．一起解决问题

（○）"你觉得我们现在可以怎样解决问题呢？"

（○）"你有没有想到什么好办法？"

（○）"我建议……"

5．做孩子的榜样。所有人都会犯错，重点是勇于认错与怎样弥补

（○）"妈妈忘了把吸尘器收好，害你跌了一跤，真对不起！有没有受伤？妈妈拿药来帮你擦，妈妈下次会记得把吸尘器收好。"

（○）"爸爸不小心打翻了你的牛奶，真对不起！我先擦干净，等等再帮你倒一杯。"

☞ 情绪教养 重点

❖ 孩子犯错时，家长要指出哪里错，而不是给孩子贴上坏标签。

❖ 错误的是孩子的行为，而不是孩子这个人。

❖ 羞耻感会让孩子产生负面的自我，想隐藏、想逃开。

❖ 愧疚感会让孩子注意发生的错误，想补救、想解决。

❖ 犯错是孩子学习必经的过程，错误的是行为，这不表示孩子有缺陷。

☞ 教养叮咛

发现了吗？要让孩子愿意弥补错误，就要对事不对人！

适当的同理心

该教孩子良善，还是保护自己？

案例

女儿在国外读书时，在一个万圣节晚上，因为天气冷，特别准备了一些食物要出门拿给无家可归的流浪汉们享用。我很担心，万圣节晚上一堆人戴着面具，万一遇到坏人怎么办。因此很想阻止她去这么做。

"天冷，他们会很想吃点热的东西。"她说。

"万一遇到心怀不轨的人呢？"我问。

"我会找几个人一起去，别担心！"她说。

还补上一句："妈妈，你每次都要我小心坏人，可是我从来没遇到过啊！"

面对女儿的天真，真不知该庆幸还是担忧。

而我们做父母的，也只能怀着这样的矛盾心理——一方面希望孩子善良，具同理心，另一方面又怕他们被骗，遇到不幸。

可是"同理心"可以被教导吗？它与"同情心"一样吗？

父母同理孩子，孩子才能具有同理心

首先解释一下这两个名词的不同：

★**同情**（sympathy）：我知道你受苦了。

★**同理**（empathy）：我感受到了你的苦。

★**慈悲**（compassion）：我想要协助你摆脱这个苦。

同情就像一个人站在高处说："我知道你受苦了……"

同理则是与受苦的人同在："这种苦真令人难受……"

同情表现的是："你这么痛苦，你一定难过得很。"

同理表现的则是："看你这么痛苦，我也感受到了你的痛苦。"

通俗一点说，"同情"是你我有别（你痛苦，我可怜你），而"同理"是你我一同（我感受到你的痛苦，而不是可怜你）。

说得更具体一点，同理心是察觉他人的情绪，察觉自己的情绪，心胸宽大，不随便论断他人，保持开放的心态，可以说出他人可能的感受（标示他人的情绪），不妄加自己的解释与解决方法。

例如，小明因穿新鞋而脚痛，一瘸一拐地走，表情痛苦，尽管如此，还必须要走八百米。

"小明脚痛，还要走很远呢！他好可怜喔！"→**同情**

　　"新鞋磨脚会很痛，我们来试试垫上一条手帕，我上次这样做好像有一点帮助。来！我扶着你，也许会好一点。"→**同理**

　　我们可以看出，一个孩子要具有同理心，他的自我情绪调节能力要非常好，好到不仅知道自己的情绪，还能想象别人的感受（换位思考，设身处地），并且说出来，还要说得让别人感到被了解、愿意接受帮忙或重新思考。这样的孩子将来必定属于成功快乐的一群。这也难怪非常多的家长将"具有同理心"列为最希望孩子拥有的特质之一。

证据会说话

同理心发展是一个复杂而渐进的过程

孩子从什么时候开始能有同理心呢？其实这是一个复杂而渐进的过程。研究显示，幼儿在 1 岁半到 2 岁间会开始了解到，他有自己的想法，别人也会有别人的想法，而且这两者或许不同；也大约在此阶段，幼儿可以在镜中认出自己，确切知道自己与他人有别。但即使开始有人我不同的领悟，同理心也不会自动出现，而需要在环境中学习得来。

举例来说：小花跌倒了，小雄的父母趋前关心，协助小花并安慰她。小雄看到小花被抚慰了、自己的父母被感谢了，这是一件美好的事；不但如此，爸爸妈妈还借此机会教育、协助小雄试着感受小花的情绪，陪着小雄找到适当的词句表达关心并讨论有哪些方法可以协助小花。

之后有一次，小雄跌倒了，妈妈也趋前抚慰他："在石子路上跌倒，膝盖会磨破皮，好痛喔！难怪你哭了！"妈妈同理小雄的感受，让他的情绪强度下降，使他愿意接受她的协助（例如用水冲伤口）。而这一切再度增强了小雄未来同理他人的能力。

爸妈可以这样做

该怎样让孩子具备同理心？下面我说得具体一点。

1. 不要忽视孩子的感受

被理解的感觉才能使孩子对别人的感受有同感。

2. 把孩子当成独立的个体，而非你的附属品

有些父母经常性地从父母本身的需求出发（孩子需要学英文、孩子需要学游泳、孩子需要补习……），而非让孩子自己来发动。孩子无须思考，只能任凭摆布，这样一来，他连自己的感受都摸不清，更遑论考虑别人。

3. 把握时机，机会教育

当有任何机会（电视、书本、游戏）可以讨论他人发生的状况以及对方与自己的感受时，都应即刻把握。

4. 把握时机，互相分享感受

当宝宝看到狗，吓得不敢动时，妈妈不妨说："你是不是很怕那只大狗？它叫得好大声喔！妈妈也有些紧张呢！我们一起牵手走过去。"

5. 角色扮演，体会他人的感受

有时，利用情境剧可以让年幼的孩子比较容易理解。例如，爸爸拿玩具熊对着孩子手上的玩具狗说："我不想跟你玩，你好笨。"接着问问孩子，小狗会有什么感受，小狗会比较喜欢小熊怎样跟它说话。

6. 父母要小心自己的教养方式，体罚或怒骂都会使孩子失去同理他人的能力

孩子在成长过程中经常会因犯错而让父母生气，可是犯错才会成长呀！可惜许多大人忘记了这一点，对孩子失去了同理心，经常以成人体格及语言上的优势来体罚或责骂孩子。在这种情形下，孩子自然感受不到被同理的安慰。如果同理心不存在于孩子的生活中，我们又怎么能要求孩子同理他人呢？

7. 别只教孩子说"对不起"

我们经常看到，两个小朋友起冲突，打人的一方会被要求向另一方说"对不起"，这的确是必要的，可是如果仅止于此，就只做了一半。父母还可以借机教导孩子体会别人的感受。

"你看，玮玮哭得好伤心，他的手肿起来了，一定很痛！"妈妈说。

"我已经说对不起了嘛……"孩子回答。

"对不起代表会改变，所以下次遇到同样的事情，你会

做出什么改变呢？"妈妈问。在此事件中，父母借发问协助孩子留意他人的感受，让孩子未来能拥有同理心。

8. 父母要成为孩子的榜样

下面这个案例经常发生在我们与孩子的对话中。许多父母担心，教导孩子有同理心、互相帮助，可能会与指导他注意安全（小心坏人）发生冲突。可是我们要为了世上的确存在的一些坏人或坏事，而使孩子失去人间最美善的同理心吗？聪明的父母一定知道比例原则，并能思考出最好的教养态度。

"老婆婆摆摊很辛苦呢！我们去她那儿买些东西，让她早点回家。"→善良、同理。

"怎么会去买一支一百元的笔啊？……那个人看起来很可怜？那都是假的啦，就是要骗你的钱！"→坏人会欺骗你的善良，别随便同情他人。

"如果路上有陌生人靠近你或跟你说话，记得赶快走到人多的地方，小心坏人！"→社会上到处都可能有坏人。

为了避免这些教养态度上的冲突，我们可以先从孩子周遭接触到的人、事、物，例如兄弟姐妹、亲朋好友、邻居等入手，教导产生同理心；等到孩子开始有更大范围的社会关系，例如学校关系、社团关系等时，再将可能遇到的例外状况加进去，还要渐渐地就社会上发生的事情与孩子讨论。采用循序渐进的教法，既适合孩子的成熟度，也不会充满矛盾。

☞ 情绪教养 重点

❖ 具有同理心的人能察觉别人的情绪以及辨识自己的情绪。

❖ 培养同理心需要情绪教养。

❖ 父母是最好的学习对象。

❖ 经常讨论以及进行角色扮演，都对培养同理心有帮助。

☞ 教养叮咛

发现了吗？要能知道自己的情绪、察觉他人的情绪，才能同理他人！情绪教育与同理心培养是心手相连的。

孤独小大人

如何融入同伴、合作与轮流

案例

小嫒与先生只有元元一个孩子，今年 5 岁。元元虽然有一个表哥，但两人年纪差很多，平时几乎玩不到一块儿。小嫒家与婆家都从事教育工作，双方家庭都很疼爱元元，也懂得如何教育小孩，所以元元是在一个受疼爱却不被溺爱、开放又民主的家庭里长大的。

按理说，在这样的教养环境里，小嫒几乎没有什么好担心的，除了一个问题。

那就是——元元不知道怎样跟其他小朋友一起玩。

小嫒曾提到："元元出生后几乎都待在家里，要说他是个宅男，一点也不为过。"

朋友笑说，元元是六个大人一起照顾的宝贝，而且大人们个个乐于跟孩子讲故事、聊天讨论、做游戏，真是幸福。

小媛很烦恼，可能因为经常与成人相处，所以元元很像小大人，用字遣词复杂、有逻辑，却不知怎样跟小朋友一起玩。元元与其他孩子不太一样的是，他的成长环境总是充满着温暖与知性，因此少了同伴间的冲突、竞争与合作。

小媛最近发现，带元元参加亲子团体课程时，他会像个局外人似的观察；遇到需要合作的游戏时，他会十分腼腆；有时遇到不遵守规矩的孩子，他还会用大人的口气说，可不可以告诉他这样做的理由。因而，他成了其他小朋友不喜欢的小大人。小媛现在担心的是，元元变得不爱出门了，说到出门就拖拖拉拉，却愿意在家玩一整天。

"我怕他不知道什么叫作合群，以后也不懂得如何与人合作！该怎么办呢？"小媛叨念着为人母的担忧。

💡 合作与轮流概念应及早建立

现代小家庭常出现的问题是，孩子不知道怎样跟同伴一起玩。

记得我小时候，乡下环境山清水净，孩子们每天一放学就聚在一起玩耍——白天抓蝉，晚上抓萤火虫，总要等到妈妈在家门口扯着嗓子喊才回家吃饭。关于合作、一起玩，这哪需要学习？根本没有父母会觉得这是问题。若孩子不喜欢出去玩，那正好顺了爸妈的意，就让他在家照顾弟弟或妹妹，顺便淘米煮菜，最后再晾衣收衣。所以每个孩子都是能逃就逃，宁愿在外面与左邻右舍一起玩到天黑。

而现代孩子所处的环境大不同！经常听到父母提出这样的问题：

"宝宝在上课时，不肯跟别人玩怎么办？"

"孩子黏得好紧，每天上班前都像生离死别，真叫人揪心！"

"他只会直盯着别人看，其他小朋友拿东西给他，他就吓得不敢接。"

"跟别的孩子在一起时，只要不开心，就动手推人！"

只能说时代的巨轮不停转，现代社会的转变是过去社会始料未及的！怎样才能让孩子懂得如何与人和平相处？

证据会说话

不要对孩子有超乎年龄的不当期待

现代的孩子多半是在小小的公寓或大楼里长大的，然后由父母送到保姆家、托儿所或祖父母家照顾，他们的生活环境是从一个大箱子里跳到另一个大箱子里，即使父母将小小的他们带到不同的幼儿才艺班，例如游泳班、绘画班、体能班等，也只是在都市里无数箱子之间移动而已，交通工具也不过是将大家运往不同箱子的另一种箱子罢了。

这类孩子在大部分时间里是没有朋友可以互动的，长辈就是他们最常见到的玩耍对象。但是和长辈在一起不可能模拟出与其他小朋友相处的状况，因为长辈不会跟孩子抢玩具，也不会推挤孩子，更不会没事惹毛孩子！

如果有手足，勉强算有玩伴，可是这些都是亲人。那朋友呢？朋友也许每周相见一次，不同的课上还有不同的脸孔，每次都是一种新的刺激，其实还蛮具挑战性的呢！

因此，现代父母多了一项功课：帮助孩子与同伴一起玩及互助合作。这些看起来虽然是小事，多留意却可避免未来产生大问题，因为有了合作的概念，孩子的人际关系会更和谐。

但是父母也别因此给自己太大的压力，孩子的成长是进阶式的，自有其发展里程碑。例如，他们多是从平行玩开始（各玩各的），3 至 4 岁才比较能一对一游戏，接着游戏圈才会越来越大。因此，别对孩子有超乎年龄的不当期待，那样等于给自己找麻烦。

那么父母该怎样培养孩子与同伴相处、合作的能力呢？其实只要运用上述的概念，自然就能变出一大堆方法。

1. 训练合作概念

即使只有你跟孩子在家，也可以玩"合作游戏"，或是在游戏过程中加入促进合作的火花。例如，需要孩子帮忙做家事时，妈妈可以说"哇！一起折衣服又快又好玩"或"先把杯子放到水槽我再洗。等你长大就可以帮忙啰！"等鼓励合作的话语。其他还有：

（○）"小宝，妈妈需要你的帮忙！帮我把下层积木扶好，我要盖上面了！"

（○）"请你帮我把白袜子从衣服堆里找出来配对好吗？"

（○）"哦，你需要妈妈帮忙吗？下次可以说'请妈妈帮我忙'，这样妈妈就会来协助你喔！"

（○）"宝贝，谢谢你的帮忙，一起合作真的容易多了！"

2. 训练轮流概念

"换你了""换我了"这些话语都是初阶轮流概念性用语。即使只是模仿把积木放到篮子里的动作（6～9个月以上的宝宝），都可以借着一前一后的时间差，把轮流概念加上去。

等孩子再大一点，家人可以轮流做讲故事、唱歌以及其他活动。

3.赞美合作与轮流

家长们应把合作或轮流的成效具体说出来，而不只是用"你好乖"或"你好棒"随意带过去。具体赞美轮流与合作的优点会促使孩子朝着你想要达成的目标前进。

（×）"整理得好干净！你们好棒！"

（○）"你们一起把书放回架子上，哇！两人合作让速度变快了！"

＊　＊　＊

（×）"你们没有吵闹耶！好乖！"

（○）"你们轮流玩玩具，没有吵架，这样可以玩得更久，也更有趣！"

4.让孩子自己想出解决问题的方法

如果我们永远都是急着跳出来帮孩子解决问题，那么孩子就很难学会解决问题的方法。不妨培养孩子遇事先自己思考以累积成功解决问题的经验，未来在群体里就比较不会惊慌。

（×）"天啊！不要在沙发上乱画！"

（○）"沙发不是画画的地方喔！你想得出应该画在什么

地方吗？"

＊　＊　＊

（×）"快来收一收，玩具不要乱扔！"

（○）"客厅好乱喔！需要收拾一下。但怎样收才会又快又好呢？"

5. 建立家庭规则，并共同遵守

其实家庭就是人生第一个经历群体生活的地方。随着孩子的语言能力渐强，家长必须建立家庭规则，并要求孩子一起遵守。孩子在家庭里有遵守规则的概念，在群体内就不会是野蛮的一员。但是父母的指令要清晰且具体，孩子未来才能继续遵守。

（×）"不要乱丢玩具，去收好！"

（○）"玩具玩完后，就要放回桶里，这样下次才找得到。"

＊　＊　＊

（×）"鞋子要摆好。"

（○）"每个人都要把鞋子放在鞋架上，这样妈妈扫地时就方便多了！"

6. 给孩子时间适应

假使孩子每周要应付不同的课程，且孩子的气质使他接受新事物比较难，就建议提早到活动地点，让他先习惯场地，以避免同时适应环境、人物、课程等——一下子接受过多刺激可能会适应不良。忽略环境适应因素，孩子单单处理自己的内心焦虑就会耗掉很大的心力，遑论与他人合作了！

对于不喜欢出门的孩子，可以邀请小朋友到家里来。在熟悉的环境里，心情放松，孩子与其他小朋友合作游戏的可能性就会增加。

☞ 情绪教养 重点

- ❖ 建立合作、轮流的概念。
- ❖ 具体赞美孩子合群或合作的"事迹"。
- ❖ 让孩子有机会自己解决问题，不要代劳太多，孩子在群体中才会有自信。
- ❖ 有些孩子适应群体生活较慢，要尊重孩子的气质，但仍要慢慢尝试。
- ❖ 随着年龄的增长，孩子会先从各玩各的到一对一玩耍，接着才开始适应团体游戏。

☞ 教养叮咛

发现了吗？"不知怎样一起玩"这一现代孩子的新问题，主要是由社会环境造成的。这是该由成人解决的问题，需要大家一起用心。

孩子的 3C 保姆

从习惯到成瘾

案例

　　那天在餐厅，左手边方桌旁是一个小家庭，爸爸妈妈带着一对小兄妹——幼儿园中小班年纪——两人凑着头玩爸爸的手机，不亦乐乎。父母两人轻松点菜，惬意地聊着，一派天下大势底定之姿。

　　右手边大圆桌旁，大概是三个小家庭的聚会，除了一个坐婴儿椅、约 7 个月大的宝宝，其余三个 2 至 5 岁的孩子每人一台架好的 iPad，各看各的，自个儿笑得东倒西歪，不吵不闹，彼此没有互动。大人们自在地聊天，也不时查看自己的手机。

　　"我们以前带小孩上餐厅，是怎么搞定他们的？"

我问先生。

"我们好像比较累喔！"先生看了两旁的亲子互动后表示。

"没错！我们那时应该是手忙脚乱、嘴忙眼乱！"我深表同感。

所以这些电子产品的确是帮了现代父母一个大忙，可称为"新型保姆"！ 3C[1]育儿已经无所谓"这样好不好"了，而是大势所趋！但在这势不可当的潮流里，有什么原则可以协助父母拿捏好尺寸呢？

---

[1] "3C"指3C产品，包括计算机（computer）、通信设备（communication）和消费类电子产品（consumer electronics）。

💡 电子产品育儿应在适度规范下进行

这个世代已经是电子网络世代了！不管我们如何抗拒，潮流就这样正面袭来，令我们毫无招架之力。我们需要讨论如何使用这些电子产品的理由是，没有原则地让孩子过多接触电子产品会造成一些问题：

★ **影响语言能力：**孩子学习语言的最好来源是与照护者亲密的口语互动，期待小熊维尼或巧虎来教是懒人的借口。实验显示，花在屏幕上的时间越多，学到的词越少，效果完全成反比。

★ **影响社会情绪发展：**父母花时间在手机或计算机上，相应地会减少与子女互动的时间；孩子花时间在电子屏幕上，当然也会减少与"真人"互动的机会。人与人的互动是动态的、充满情绪变量、需要很专心的观察与学习的，所以花了太多时间在屏幕上的孩子，其社会情绪力比较差。

★ **活动量下降：**活动量下降意味着孩子减少了四处探索的时间，这可能会造成骨骼肌肉发育以及运动能力变差。而许多研究也认为，长时间使用3C产品应该是造成现代孩子肥胖的主要因素之一。

★ **影响性格发展：**家长如果没有陪同孩子一起待在屏幕前，仔细了解孩子吸收的东西并加以解释，孩子也许就会把屏幕内种种价值观囫囵吞枣、自行转化，这会影响孩子性格发展，而家长也无从得知改变究竟始于何时。

★ **从习惯到成瘾：** 许多家长都注意到，给孩子 3C 电子产品是"易放难收"，毕竟声光刺激令人兴奋，一旦接触就很难拒绝。现代青年学子网成瘾问题不小，所以这些问题一定要事先预防。

★ **影响睡眠：** 电子屏幕发出的光会影响褪黑激素分泌，从而影响睡眠。当然声光的刺激也会使人心情激动，难以入眠。

家长们宜多从其他角度看待电子产品

电子产品有其优点，也有缺点，与之共存已是绝对趋势，毕竟这些电子产品也会提供很多好东西给孩子学习，那么该如何好好利用它们呢？

美国小儿科医学会目前已不再从时间角度来建议家长了（除了仍坚持 1 岁半以下禁用，5 岁以下每天使用 1 小时），只从健康发展的角度来指导（不要影响睡眠或正常活动）。因此，这是一个基于最低要求的建议，家长们宜多从其他角度看待这件事。

美国小儿科医学会的最新建议如下：

★ 1 岁半以下：应全面禁用（与远方亲友视频除外）。

★ 1 岁半到 2 岁：家长陪同看高质量的影片，并协助他们了解是可接受的。

★ 2 岁到 5 岁：每天应限制在 1 小时内，而且父母应全程陪同，协助孩子了解内容，以及说明与真实世界的联结，也要确定看的是高质量的幼儿节目。

★ 6 岁以上：家长对使用电子产品的时间、内容都应有限制，确保不会影响孩子的睡眠、正常活动及行为。

★ 一起制定家庭"无电子产品"的时间及地点。

不可用的时间如：用餐时间或开车时。不可用的地点如：卧室。好好地与孩子沟通网络世界的安全与责任，以及教导孩子如何与实体或虚拟世界的他人交往。

虽然是时势所趋，但是父母对 3C 教养还是有一些疑惑：

★ 真实的互动会比不上屏幕里的影像吗？→肯定真实的才好！

★ 可是大人还有许多事要做，也会累啊！→是啊！新型电子保姆也有许多优点呢！

★ 我看许多幼儿影片质量也颇高啊！→没错！内容丰富，连大人也爱看，确实也能从中学到很多东西呢！

★ 对眼睛不好吧！→也对！

★ 不可能禁！我看的时候，他就会要看！大家也都在看呢！→是啊！无法自圆其说。而且未来孩子也一定要懂得运用这些产品。

这些岂不都是你我的心声吗？好，那我们就结合这些优点，再试着定出更高标准！

1. 依照前述美国小儿科医学会的建议时间，让孩子适度使用 3C 产品，只许少，不可多

2. 观看影片前、中、后都要有亲子互动

家长与孩子在玩游戏或阅读书籍后，再看相关的 3C 影片会比较好。例如：一起看过动物相关书籍后，再一起看影片。最好选择内容含跟孩子对话意味的互动影片，还要观察孩子的反应，并一起讨论。例如，当中出现"小朋友，你猜是什么呢？"或是"你知道什么是植物，什么是动物吗？"这种含对话意味内容的影片会比较理想，因为可以让小朋友思考，而非单纯吸收。此外，看完之后最好还能在日常生活中找相关联结，或再回到书中找到更多的知识。

妈妈："我们再回到书上来找找看，关于刚才看到的北极熊，书上有没有更多介绍，北极熊实在好可爱喔！"

3. 当一回事，别当成背景

无论是电视、iPad 还是手机，都别把它当成持续存在的背景。一来持续播放的声音会使孩子对手边的事物分心；二来屏幕强光也会损害视力；更重要的是，别错过定义这些 3C 产品用途的好时机。

家长宜让孩子明白，3C 产品虽是帮助他成长的工具，但是也有缺点，因此必须限制使用时间与地点。当然啦！大人在用手机讲话、发信息时，一定会让孩子有种被冷落的感觉，这很难避免。不过，如果把沟通联络与孩子学习做清楚的划分，应该可以减少小孩吵着要拿家长手机把玩的情形吧！

4. 别用电子产品来安抚小孩

我们让孩子观看电子产品，前提一定是认为这对他们有益，也就是把它当成孩子学习的一种工具，而不是因为孩子吵闹就塞给他，期待恼人的情绪赶快过去——这样就大大违反了情绪教养的金科玉律，即任何孩子情绪失控的时候，都是学习察觉情绪及处理情绪的最佳时机。随便塞给他手机玩，希望他立刻安静，就失去了最佳的情绪辅导机会。这种做法跟孩子一哭就给他糖吃，得到的唯一结果是长蛀牙一样，对孩子的情绪教养一点帮助也没有。

我相信，明智的父母会综合上述建议，参考自己的家庭价值，制定出对孩子有利的准则。

☞ **情绪教养** 重点

❖ 婴幼儿使用 3C 产品时间不可多于建议时间。

❖ 尽量别让孩子单独使用 3C 产品——它们不是用来安抚孩子的，而是通过提供优良素材丰富孩子的学习，所以父母应视使用 3C 产品时间为亲子时间。

❖ 把 3C 产品当成背景会干扰彼此的互动。

☞ **教养叮咛**

发现了吗？如果把 3C 产品视为教导孩子的工具之一，而不是用来安抚孩子的电子保姆，那它们就会变成好工具！

小小孩的自制力

遵守规则，等待，忍耐

"我要！我要！"两个孩子在公园里抢着跷跷板，互不相让。

"谁先到，谁先玩！要按顺序喔！"妈妈出面解决。

"我先，我先！"两人都认为是自己先到。

结果，年纪小的死握着椅子把手，大哭起来；年纪稍大的有些不知所措，但也紧拉着把手，一脚还翘起，想要来个先抢先赢……

人小声音大，年纪小的哭声转为尖叫，继而撒手在地上打滚。

"让弟弟先玩，弟弟年纪小，先让他玩。"大孩子的妈妈出来当和事佬。

"谢谢哥哥！你先让弟弟玩，你很棒！"另一个妈妈似乎见到了救星，马上出声感谢。

于是年纪小的孩子抽抽噎噎地爬上跷跷板，而被妈妈要求礼让的大孩子则紧拉着妈妈的手，瞪向小男孩。虽然妈妈轻声抚慰，年纪大的男孩还是一副不满的神情……

这个场景相信大家都不陌生。和 2 至 3 岁的小孩谈自我控制——"等一下""让一下"——几乎是不可能完成的任务！

💡 自制力的强弱与环境息息相关

究竟自制力有没有方法教导？什么样的期待值才是合理的呢？

★ 妈妈一不盯着写功课，孩子马上东玩西玩，到底是谁的功课？

★ 在超市里，走到哪儿都要摸一下、拉一下，弄得店员好心烦！

★ 带着孩子出门，家长几乎没有 1 分钟可以与他人寒暄。"走啦！走啦！"孩子边拉边叫，家长只能忙不迭地道歉！

★ 青少年彻夜排队买新手机，为了先挤进店门而大打出手！

很多人都听过 20 世纪 60 年代有名的棉花糖测试：给 4 岁的孩子一块棉花糖，然后告诉他，如果先不吃掉，等大人回来会再给他一块；可是如果他先吃掉，那就不会有第二块了。意思就是，如果你可以忍耐一下，就会多一块棉花糖，可是如果你受不了诱惑，那就只有一块！最后，科学家获得了两组不同的结果：A 组是忍住吃糖冲动的孩子，因为他们期待能多一块糖，所以克制住了当下的欲望；B 组则是不管三七二十一先享受再说的孩子，因此他们是未能克制住欲望的一群。

其实这个等待的时间只有 15 分钟，可是对于面对棉花糖流口水的孩子却好像有一个世纪那么长。为了抵挡诱惑，孩子们使出"毕生"绝活来转移注意力，有的玩手指头，有的唱歌，有的自己演起戏来。追踪报告在许多年后显示，A 组孩子（可以克制欲望的，也就是自制力高的）比较健康，在校成绩比较好，收入较高，且无犯罪记录。

这个结果应该很容易理解。只是在实验之前，多数人不知道儿童期"自制力"的表现对未来表现影响如此巨大。不过，仔细想便能明了个中道理：那些愿意牺牲玩乐、花更多时间在功课上的孩子，不就是相信现在忍耐一下，未来会更好的人吗？不正是具有自制力的一群人吗？

自制力代表什么呢？有自制力的人，可以延宕满足、控制冲动、忍受挫折、耐心等候、自我调节情绪等，可以说非常不容易，难怪通过考验的孩子未来成就大、更健康、更幸福！

自制力是天生的吗？后天可以培养吗？这个关乎未来幸福的重要因素，值得我们好好看待！自制力与前额叶的发展相关，成年期以前前额叶还在发展中，因此儿童或青少年都比较冲动（青少年期的表现因为边缘系统开始爆发以及奖赏系统运作特殊而更加明显），自制力自然低。随着幼儿一步步成长，逐渐有了自我的概念，又开始了解社会规则与外界对他的要求，自我控制逐渐形成。之后，随着前额叶的日渐成熟，自制力自然而然跟着增强。

　　但如果只是这样，交给时间办就好了！当然没这么容易！自制力的好坏与环境息息相关。劳伦斯·斯坦伯格博士（Laurence Steinberg, Ph.D.）在《不是青春惹的祸》（*Age of Opportunity*）一书里提到，基因影响自制力的程度大约只是影响智力的一半！意思就是，对于自制力来说，环境的影响是很大的。棉花糖实验之父沃尔特·米歇尔（Walter Mischel）也说，这些影响性格的因素都是基因与环境共舞的产物。

证据会说话

过多禁止指令反而难以培养自制力

我们根据许多科学报告找到的协助发展自制力的最佳方式，就是婴幼儿期的情绪教育。婴幼儿情绪教育，其实就是培养自制力的基本功。

再复习一下"婴幼儿也需情绪教养"一章中提及的情绪教育重点：父母保持平静；生活有规律；实实在在了解孩子的气质；教给他控制情绪的小技巧；悄悄加入"等待"配方；协助情绪表达；玩些创意冲动控制游戏；做模拟游戏。

因为大脑的发展有时间表，虽可以加强与固化好的联结，但无法一下子就催熟，所以即使家长认真地以上述方法来增强孩子的自制力，也别高估了他们的能力。美国0～3岁协会做了一项问卷调查，发现56％的家长以为孩子在3岁大时就应该知道哪些事是父母不许他们做的，而实际上，一直要到3～7岁半，这种能力才开始比较具体。所以，虽然我们要认真执行情绪教育的要点，但也要为彼此留空间，不要因为许多失控的时刻而产生挫折感。当然，年纪不是魔术数字，1岁的孩子也可能因社会参照力而避免做父母禁止的事，并逐渐开始自我约束。

　　所以，如果你对着 2 岁左右的孩子下许多"禁止"指令，只会让他更混乱、挫折感更重，也难以培养自制力。不过，有自制力意味着需要遵守规则、等待、忍耐，以及需要与群体合作，那到底该如何拿捏？

爸妈可以这样做

自制力的养成与一个人未来的成功机会极为相关，家长可要花时间想一想了。以下提供几点培养孩子自制力的具体做法，相信对父母会有帮助：

1. 设立符合年纪的规矩，不可随意改变

父母有教养的责任，教导孩子家庭的规矩与社会的规则都是父母的义务。在努力协助孩子发展自制力的同时，也要设立规矩，即使孩子年纪小，自制力有限，仍然可以让他们承担可能的后果。例如：

（〇）"如果要去外婆家，你就要坐在安全座椅上20分钟，我们可以听歌、讲故事；但是如果你不坐好，那我们就下星期再去。"

（〇）"玩具不能拿来用力丢，现在我要把大卡车收起来，明天才可以再玩。"

这些规矩都要清楚、适合孩子的年纪，且不宜变来变去。

2. 勿用处罚或空泛的赞美

切勿用处罚或空泛的赞美（"你好乖！""你好棒！"）来引导孩子。如果自制力是我们希望孩子未来拥有的特质，那赞美就要更具体。

（〇）"你今天安静地坐在安全座椅上，所以我们可以跟外婆好好享受一个下午的时间喔！"

（〇）"你小心地把玩具放回桶里了，看起来好干净喔！而且玩具也都不会受伤了！"

（〇）"你们轮流玩娃娃，所以两个人都和娃娃玩了呢！真好！"

3.注意你自己的情绪温度

培养孩子的自制力不是为方便大人"管理"他们，切勿在过程中自己先失控。我们的目标是孩子将来可以忍受挫折、处理自己的情绪、忍耐眼前的限制，这本就需要很强的心智能力，如果同时还被大人的情绪干扰，那么孩子的学习效果一定会打折。

4.了解到自制力的培养需要时间

遵守规则原本就不是动物的本性，弱肉强食才是存活之道。还十分"原始"的幼儿就好像刚开始"被驯化"的动物！所以，家长协助他们遵守规则时，尽量不要"硬碰硬"、说太多"不"，否则只会在"驯化"过程中增加更多压力。自制力需要时间培育，父母要有耐心。

5.用选择题代替命令句

多用一些选择题让孩子们动动脑，给他们一些自主权，这对于自制力的养成反而更有用！除了可以减小反抗力道，避免与亲子的权力争夺，还可以让孩子学会对自己的决定负责，而负责任正是自制力的核心元素。父母可以这样跟孩子商量：

（○）"现在还不到吃饼干的时间，你可以先听故事或玩玩具，5点钟就可以吃了！"

（○）"溜滑梯要排队，你要跟着大家一起排队，还是要先到操场跑一跑？"

☞ 情绪教养 重点

❖ 自制力的培养从婴幼儿的情绪教养开始。

❖ 自制力的培养需要时间，而且也需要大脑成熟度的配合。

❖ 自制力的养成不是为了方便父母管理，而是为了让孩子未来可以融入群体。

❖ 自制力的养成，环境因素影响甚巨。

☞ 教养叮咛

发现了吗？父母注重情绪教养，其实就已经在培养孩子的自制力了！

经不起挫折

100分父母，孩子的挫折忍受度当然低

案例

彦彦一听妈妈说"不可以再买机器人了！"，就立刻倒在大卖场的玩具部，全身扭动着号啕大哭……

幼儿园老师也说："越来越多的孩子不顺心就大哭，积木倒了哭，拿不到玩具也哭。更夸张的是，要他把碗里的最后一口饭吃完也哭！"

现代家庭独生子女多，因而餐厅里众多成人伺候一个小孩吃饭的场景经常可见。常常看到孩子的头左闪右躲，只为了闪避一直送到嘴边的汤匙；如果孩子还是不从，马上有其他大人接手续喂；倘若孩子因为不想吃而哭起来，会马上有人将他抱出场逗弄。仔细

想想，这个孩子从来没有机会学习处理任何不顺遂的事，一直都有大人帮他排解困难。

在家里堆积木，积木倒了，孩子因此生气，爷爷会帮他把积木扶正；妈妈不许买的玩具，奶奶会趁着带他去市场悄悄买一个给他，然后顺道交代："不可以跟妈妈说喔！"如果公园里的秋千全被占用了，可是孩子想要玩，外婆会过去找到一个大孩子，央求他先让小外孙玩一下。这些孩子进了幼儿园后，需要自己来、不再有人时时为他排解困难时，就只能使用"哭闹"这一招了。

若这些现象持续，便会造就"妈宝""草莓族"，再加上天上盘旋的"直升机父母"及地上行走的"恐龙父母"，我们的孩子自然也越来越缺乏挫折忍受力了。

听说现在大学新生座谈会上都是父母在问问题："哪里可以洗衣服？洗衣机好用吗？要等很久吗？洗得干净吗？""吃东西方便吗？"学生要请假或学业有困难时，也是家长打电话："我儿子最近感冒了，期末功课可以往后延一下吗？"实在很难相信这些孩子已经是大学生了。

过去遇到高中生来看病，其中有七八成是由父母替说症状，我总是很不解，于是问："你要不要自己说说看哪里不舒服？"如果我们连哪里不舒服都要替孩子说，他们连对身体遇到"挫折"（生病）都不知道如何叙述，怎能期待他们遇到更复杂的人际或心理挫折时能说得清楚呢？

社会上偶发的惊天动地情杀事件——"你不爱我就是不行！这样我也不会让你好过！"——不也是挫折忍受度低的表现吗？

💡 自制力好的孩子挫折忍受度较高

什么叫"挫折忍受度低"？简单解释就是"世界不照着我想要的方式运行，我就不知道该怎么办"。而当不知道怎么办时，就会产生一些问题：

★ **想让这种不舒服的感觉尽快消失：** 因为没有学到好方法，所以年幼的孩子就用哭闹的方式（会哭就有糖吃）；再大一点也许用酒或药物来使这种不顺遂的感觉消失，不然就干脆破罐破摔，反正总会有家人收拾。

★ **焦虑感较重：** 因为一直没有机会学习处理挫折，所以，如果没有人代劳，一遇事就只会焦虑，完全没有办法。

★ **容易愤怒：** 过去习惯的帮助若不及时来到，就会心生怨怼，愤怒感油生。

★ **负面性格：** 如果挫折继续存在，而自己不知如何处理，同时认为该有的帮助也没到来，就会感觉大家都对不起自己。

我们都希望孩子坚强，遇到困难勇往直前，在困厄的环境里还能正向思考、自我激励、坚毅忍耐，这样成功的果实才会甜美。而这些美德的基础就是"提升挫折忍受度"。

证据会说话

挫折忍受度与自制力息息相关

我有一个朋友是公认的任劳任怨的好母亲。她的孩子高中时因理化科目不行而产生挫折感，她就说："没关系，我们找家教。"于是在家教的帮助下，孩子顺利过关。大学时这个孩子英文作文不行想放弃时，她再次请家教帮忙，孩子又得以轻松过关。等到就业时，孩子觉得工作环境不佳，她就建议换环境，于是孩子搬回家住，这下食、衣、住、行都有妈妈罩着了，工作却一个接一个地换，因为每份工作都有他不满意的地方。这时，如果妈妈要孩子稍加忍耐已来不及了，因为孩子没有"面对挫折，自己想办法"的经验及能力。

孩子还小时，我们不觉得帮他们挡掉一切困难、避免所有挫折有什么不对，殊不知就在这样的一点一滴中，孩子也失去了应对挫折的能力！

挫折忍受度其实与自制力好坏是息息相关的。自制力通常指比较外显的行为，而挫折忍受度则属较内隐的行为；两者略有一些差异，不过一般来说，自制力强，挫折忍受度也会相对高些。例如：

★ 孩子可以等20分钟再吃冰激凌，不会哭闹。→自制力强

★ 孩子做了几道数学题，因解不出来而挫折感很重，于是转而玩起手边的小玩具。→挫折忍受度低

虽然孩子没有因为解不出数学题而大喊大叫，外表看起来也能安静自制，可是这不代表他可以忍受挫折。实际上，他做数学题时玩玩具，就是因无法忍受面对数学时的挫折感而产生的逃避行为。

爸妈可以这样做

那么，到底有哪些方法可以帮助孩子经受挫折呢？我们只要把握住基本概念，方法自然就会产生。最怕的是父母一心只想替孩子排除万难，那样孩子自然毫无应对挫折的必要与能力。

1. 从婴儿期就可开始学习

孩子哭的时候不要总是给予全套伺候，而是稍等几秒钟判断一下，或出声让孩子感受到你在与他沟通，让孩子在婴儿时期就知道只要稍微"忍耐等待"，爱他的父母必然会来帮他处理。这一点点的忍耐就是人生最初的挫折学习。

2. 生活起居要有规律

规律的生活会让孩子心情平静，不会总是处在焦虑中。焦虑会使孩子的情绪系统处在一种"高唤起"状态，也就是随时准备打仗或逃跑的原始求生模式，这样一来，耐心等待就不太可能发生，自然就无法有挫折忍耐力。

3. 适当的学习刺激，切勿过量

不同年龄层的孩子专心度也不同，年纪越小，专心时间越短。有时候家长太急于教育子女，给了过多的刺激，这样孩子一来会不耐烦，二来也容易产生挫折感。

4.父母稍微等一下再出手解决问题

父母总是害怕孩子多走冤枉路，所以忙不迭给予指引，然而有些小挫折真的对身心有益。经历刚刚好的挫折有点像打疫苗——虽然偶尔会发烧，但也因此产生了抗体。跟小朋友推挤争执时，妈妈不一定要立即出手，而是看看他如何反应。有时候，家长只需同理孩子的感受，再把解决问题的主导权交给他，一至两次以后，他就免疫了，再遇到类似困难就会知道如何处理，一步步学习如何面对挫折。

5.标示情绪并适时抚慰

孩子遇到挫折时，心里的难受不一定说得出来，家长要能察觉、同理再加以标示。例如："现在不能买这个玩具，你很伤心，担心下次来就没有了，是吗？"一旦被了解，孩子的情绪强度就会下降，大脑方能运作，操控力又会回到手上，也就可以应付挫折了。此时，挫折也就不算什么事了。

6.注意自己的用语

空泛的赞美如"你好棒""你好厉害"等，会使孩子害怕下一次遇到困难，自己就不再那么棒、那么厉害了，于是反而一有挑战就闪避，如此一来更没有面对挫折的机会了。而残酷的言辞如"这不算什么啦！""这只是刚开始！以后还有你好受的！"等，则会让孩子更没有自信面对挫折。好的用语会让孩子明白，父母最欣赏的是他面对挫折时的坚毅，像"你这次数学虽然没有考好，可是你花了很多时间订正，现在全都会了呢！"这种话会使孩子不怕面对挫折。

7. 做一个好榜样

家长平常也应该尽量保持情绪平稳，自己遇到困难时别大声叫骂，否则会让孩子感觉挫折是件极糟的事。当情绪一时被激发时，你可以试着说："现在我需要喝杯水冷静一下，再想想怎么做。"当孩子因无法装好小汽车而感到生气、有挫折感时，你就可以这样响应："爸爸上次开车开到半路车子突然坏掉时，也有一样的挫折感！要不要先休息，喝口水，等一下再继续？"切记不要帮孩子做，给他支持并教他怎样度过这种挫折的感觉，反而比较重要。

👉 情绪教养 重点

❖ 挫折忍受度低的人比较容易愤怒、焦虑，并常伴有负面性格。

❖ 提高挫折忍受度要从婴儿期开始。

❖ 经历挫折就像打疫苗，抵抗力（挫折忍受度）慢慢就会产生。

❖ 父母不要凡事代劳，要依年龄层适时放手。

❖ 做具体的赞美，避免打击性的言辞。

❖ 做孩子的好榜样。

👉 教养叮咛

发现了吗？面对挫折激起奋斗意志原是人类本能，父母在教养过程中却很容易忽视挫折忍受度的培养。孩子终将成为独立自主的人，大人们可别帮过头了！

修正你对公平的概念

孩子要的不是父母以为的"公平"

案例

情绪教养课程中父母提出的问题中，出现频率最高的竟是手足问题，真是让人意想不到！

我经常安慰这些父母要心怀感激，因为他们的孩子不必等到进入社会才有机会"练习"人际关系。这并非风凉话，还有谁比你的兄弟姐妹更了解你的痛点，知道怎样好好戳你一下，知道怎样对付你，对你爱恨交加，可以和你既合作又竞争？这不正是社会上各种人生场景的缩影吗？比起独生子女，有手足之争岂不是得天独厚？

不过，看看家长的提问——还真是苦不堪言呢！

★ 老大是 5 岁的小女生，小的是 3 岁男生。最近，老大情绪起伏大、阴晴不定，经常做出假装跌倒哭泣或模仿弟弟的幼稚行为，我要拆穿她吗？

★ 哥哥傍晚与爷爷下棋，妹妹提醒他补习的时间到了，结果他气得把棋盘翻倒，抢起拳头大骂，还好爷爷及时阻止。上完课回来，他看到妹妹时仍然余气未消。这只是其中一件，类似状况层出不穷，我该怎么处理？

★ 我们赞美小妹妹的行为时，老大会马上说："笨蛋！谁不会啊？"尽管我们加以解释，他也总是以嘲笑的口吻对妹妹说话，有时还会"动手动脚"，我该如何教他"友爱"这件事？

家有兄弟姐妹的，对于小时候藏在心中令自己愤愤不平的"大事"，现在聊起来大概会笑成一团吧！有时，对于孩子间的纷争，许多父母也常喊冤："每个孩子明明都一样疼，怎么孩子还会觉得不公平呢？"

记得小时候每逢与弟弟们对于吃东西有争执时，母亲常说："要不然拿尺来量！拿秤来称！"

还有一回，弟弟终于有手表了，我大叫："不公平！"母亲觉得莫名其妙，说："你不是也有吗？"我义正词严地回答："我 7 岁时没有表啊！到 8 岁才戴表的，他也要等到 8 岁才公平！"反正就是"你们都对不起我"！

　　对于手足之间的纷争，家长们每天不得安宁，手心手背都是肉，却无论怎么做都两边不是人！永远是"不公平！"。有妈妈告诉我，即使是拿出盒子里的两块饼干（这总一样大了吧！）还是可以争！孩子会说："你先拿饼干给他，不公平！"

　　不过父母往往也会进入误区。一位妈妈生下双胞胎，老二太小以至于无法吸吮，须在医院灌食。妈妈为了避免老二长大后知道老大有被妈妈抱着喂母乳的经验，心理发展受到影响，于是决定连老大也不亲自喂了。旁人觉得不可思议，妈妈却振振有词："将来老二说我不爱他，那我该怎么说？"

　　多少孩子问过他们的父母："你最爱我们哪一个？"如果你说："都爱啊！一样爱啊！"这个问题就停止了吗？有没有经常下一个问题又跑出来："都一样吗？没有爱谁多一点吗？"

孩子要的不是父母以为的"公平"

"公平"代表一模一样吗？其实孩子争的是"我在你心中有没有一个独特的位置"。这个独特的位置不一定是公平（或说是旁人以为的公平），而是只有你我心领神会的"独特性"。

修正父母对公平的概念！

说得更通俗一点，大家要的公平并没有统一的标准！重点就在于修正你对公平的概念！因为你的"公平"不是孩子要的。

"为什么弟弟可以一直玩，我就只能玩一会儿？"

（×）妈妈："你要上学读书写功课，他还不用啊！你小时候还不是一直玩！"→有时，大人觉得这事完全合乎逻辑，小孩可不这样认为，因此每隔几天就会发作一次！

（○）妈妈："看到弟弟可以一直玩，不必写功课，让你觉得不公平喔！尽管你知道功课必须写完，但有时候还是很难接受！"→说出他心里真正的感受，他才会觉得你真的懂他。这才是他想要的"公平"。

* * *

"长大不好！弟弟都可以一直玩，又没有功课，不公平！"

（×）妈妈："他以后也要长大啊！很公平的！"

（×）妈妈："好啦，好啦！我叫他不要玩可以了吧！够公平了吧！"

（○）妈妈："弟弟还小，没有功课，的确可以玩久一点。你长大了，虽然有功课要写，无法一直玩，但是你的玩法跟弟弟的玩法有没有什么不同？"→能使孩子感受到妈妈真切地了解他，也协助孩子知道自己与弟弟有哪些地方不同（譬如长大了、有能力读书）。

"弟弟根本不知道怎么玩！"

（○）妈妈："对啊！因为你长大了，也许玩的时间变少，但是变聪明了，懂得变换各种玩法，弟弟可还不会呢！"→父母可以把焦点从"玩的时间"公不公平转移到在"玩"这件事上两个人有各自的独特性上！

教孩子聚焦在自己的特质与需求上

的确，生命中有太多不公平的事，我们还是趁早教导孩子聚焦在自己的特质与需求上，而不要总把焦点放在别人身上，弄得怨天尤人或老是觉得自己是受害者。

"妹妹又有新衣服了！她的衣服比我的多，不公平！"

（×）妈妈："哪有？来算算看！而且是外婆买给她的，我又没办法控制！"

（×）妈妈："是外婆买的啦！不然明天也给你买一件！"

（〇）妈妈："这是外婆给她的生日礼物！你也想要一件衣服吗？"

"妹妹有！我也想要！"

（〇）妈妈："太好了！那等你过生日的时候，我就知道要送你什么生日礼物了！"

给孩子一段专属的时间

父母有没有跟每个孩子都有专属的一对一时间显得十分重要。你在老二出生后还有没有跟老大一起说故事聊天的时间（没有小的在场）？有没有只跟老二一起去冰激凌店的机会（没有大的在场）？有没有安慰一方，等你忙完手边的事，会有一段完全属于他的时间？这些做法能让孩子真实感受到，在你的心里他占有一席之地，而且不必跟别人共享。

"你比较疼弟弟！"

（×）妈妈："我都一样爱啊！"→在孩子的逻辑里，一样就是比较少！

（〇）妈妈："你是唯一的，弟弟也是唯一的。在妈妈心中你们都是独特的！"

证据会说话

研究的确告诉我们，手足关系与未来人际关系发展关系颇大，而实际上，手足关系也是最持久的人际关系之一。结构派家庭治疗大师萨尔瓦多·米纽秦（Salvatore Minuchin）认为，一个家庭之中存有许多次系统，例如：父母次系统、亲子次系统、手足次系统等。这些次系统内交互合作也彼此影响，手足次系统便是如此。

虽然手足之争常有所闻，但兄代父职、姐代母职等手足互相支持的事也比比皆是。难怪美国一项研究显示，至少会有一个手足成为终生密友者占77%。甚至有报告显示，有手足作为密友者罹患抑郁症的比例较小。这些都表明手足关系能持续地影响身心健康。

爸妈可以这样做

处理手足之争时，父母可以参考约翰·戈特曼博士的情绪调节五步骤。

1.察觉情绪

手足之争引发的情绪经常不是生气，就是委屈（当然也有扬扬得意！）。这需要父母多加观察及辅导。虽然传统文化鼓励我们兄友弟恭、孔融让梨，可是事实上，在年幼的孩子心里，这些父母以为正确的道理就是不公平的，若不顾虑到孩子的情绪感受，将使亲子及手足关系恶化。除此之外，我们对自己的情绪也应多加体察，千万不要因为孩子争吵，自己就跟着发脾气，使情况由"手足之争"恶化到"全家大混战"！如果父母能想办法让自己冷静，比如，深呼吸，数到10，洗个脸，或到阳台走走，就会很有帮助。有时候，你的这些让自己冷静的行为还在进行中，孩子们就已经很识相地把问题解决了，因为在这当中，他们已从你的身教学习到：想办法让自己冷静一点！

2.体认亲密

家长要能体认到，这些手足之争是孩子人际关系的第一课，而可以在家中这个安全的环境里学习这一课，真的相当幸运。所以父母千万别急着动怒，也别急着长篇演说，更别马上跳下去当法官。稍等一下，给他们一点时间抒发、反应、解决。

3. 同理倾听

阿黛尔·费柏（Adele Faber）的《无竞争同胞》（*Sibling Without Rivalry*）很生动地用夫妻之间有第三者介入做类比，协助家长同理手足之争。

书中有一段这样的叙述：有一天你的配偶回到家，告诉你："宝贝，你真是个好太太（先生），我决定找一个跟你一样好的来家里！你要记得跟他分享衣服、食物、珠宝喔！"太太（先生）无奈地接受了。接着，每次三人一起出门，就会有人说："这个新来的好可爱喔。"或"这个旧的很贤惠懂事。"这时太太（先生）心里的滋味可想而知。

还不仅于此，新来者越来越会说话，声音也越来越大，意见越来越多，开始对着"旧人"说："这个我想要！那个我想玩！"

现在把配偶换成手足，你就知道不容易了吧，也应该更能够同理了吧！无论是兄姐还是弟妹，其实都有很大的压力。成人千万别以为孩子应理所当然、兴高采烈地和睦相处！父母若具有同理心，处理手足争执就会平顺许多。

4. 标示情绪

孩子即使行为上表现出忌妒、怨恨、愤怒，心里往往也弄不清楚是怎么回事。他的行为是情绪的自然延伸，此时父母若能帮他厘清缘由，把情绪标示出来，慢慢地，他就可以用语言来表达。当然，这个过程未必如你所愿，但是重点是持之以恒地做下去。如果家长做了两至三次没有效果，就又回到"用打骂比较快"的传统做法上，那么这种手足间的缠斗恐怕会持续下去！

哥哥："弟弟真爱哭，把他送给阿姨好不好？"

（×）妈："怎么可以？弟弟好可爱啊！你小时候不也是很爱哭？"

（○）妈："弟弟哭的时候，你会心烦气躁，所以希望他变没吗？"

＊　＊　＊

姐姐："爱玩又不遵守规则，你走开啦！"

（×）妈："当姐姐的要多让弟弟一些啊！越大要越懂事才对！"

（○）妈："如果弟弟可以先把规则弄清楚，你就不会那么生气了吗？"

＊　＊　＊

弟弟："哥哥还不去上课，还在玩，要迟到了！"

哥哥："关你什么事！你这只笨猪！"

（×）妈："去把你的嘴洗三次，你本来就要迟到了！"

（○）妈："你是不是舍不得放下玩具去上学，所以你觉得弟弟的提醒像警报器，使得你大发脾气？"→这个涉及言辞暴力，还必须设限及解决问题。

5. 设限及解决问题

设限及解决问题需要很长时间的讨论与练习，不能操之过急！家长太急着跳下去解决问题，往往弄巧成拙。就以动手打人或说脏话为例，虽然没有人真正被处罚，但是弟弟该怎么做已经被明确地指出来了。

弟弟："我要！我要！给我！给我！"

哥哥："才不要，你会弄坏！哎哟！！好痛！妈妈，弟弟又咬人！！"

（×）妈："你又咬人，真是不乖！说那么多次都不听，去罚站！哥哥，你也真是的，借给弟弟玩一下会怎样吗？每次都要搞得鸡飞狗跳！"

（○）妈："哥哥的手臂都红了，一定很痛！弟弟你要学着用语言去表达，哥哥才会愿意分享啊！妈妈先帮哥哥擦药，弟弟等一下告诉我们，你要说什么，怎样道歉。"→哥哥的情绪被标示及被接受；并且妈妈也表示只要弟弟用对方法，哥哥就会愿意分享。

☞ 情绪教养 重点

❖ 手足争的不尽然是"公平"，而是你心里给每个孩子
留的专属位置。

❖ 留给每个孩子一段只有他与你的专属时间。

❖ 处理手足纷争时，察觉情绪，体认亲密，同理及标
示孩子的情绪，然后设限及解决问题，是很好用的
步骤。

☞ 教养叮咛

发现了吗？希望孩子们相亲相爱，你就要同理他们的感
受，了解他们对爱的冀求。

教养笔记

第 **5** 章

学习当父母

当刚刚好的新时代父母

大人们的省思

省思自己的价值观，找出亲子关系的盲点

案例

许多父母说，参加完家长教育课程后才发现，教养中造成问题的男女主角竟是父母本身。

有一位妈妈就表示，教养课程结束后领到的不是"毕业证书"，而是自己的"病历表"，因为在学习当中找到了自己的一大堆毛病。这位妈妈说得好贴切！

在授课中，我曾遇到一位妈妈在孩子考上第二志愿时痛哭流涕，完全没有了平日里的优雅。等她冷静一点时，我问她："这么难过是因为你感到失望吗？还是替孩子感到难过？"她想了许久，说："从小父母就赞美我成绩好，所以我拥有其他兄弟姐妹甚至其他同

辈没有的特权，大家认为我是一流的人物。我不必分担家务，只管读书，大家都很羡慕，我想我是因此而害怕孩子在他人眼里是二流的……"

许多为人父母的盲点其实是根深蒂固、自小形成的，也许有些我们从没有意识到。

我的一个同学曾坦言，他自小暴躁易怒，人际关系欠佳，有一段时间还酒精成瘾，所幸遇到了一个好太太，还生了一对儿女。因为自身的经历，他很担心孩子脾气不好，所以在孩子成长过程中，他总是压抑孩子的愤怒，在他们不生气的时刻大力奖赏。结果，孩子们的确都很少发怒，但是也因为无法生气，情绪没有出口，最后反而以自伤行为来宣泄。

他在近50岁时就读于心理学研究所，其间开始省思自己过往的种种，并从家庭、社会文化角度来探讨自己是如何形成这些价值观的。直到那个时候，他才抽丝剥茧地明白了自己如何被原生家庭与文化形塑所制约，于是开始重新省思自己的价值观，以此来发现亲子关系的盲点并修复。

父母通过省思可改变过去印记造成的影响

父母子女间的依附关系是代代相传的，而且因为依附关系影响太深，所以形成了一种固定的依附模式。我们的大脑深深记住了过去与现今的亲子互动及其模式，进而影响我们对事物的反应。

这就是为什么大人们的省思以及重新了解自己是形成良好亲子关系很重要的一个步骤。因为亲子互动出现问题，关键不在孩子，而在父母。可是父母要改变已成形的大脑运作模式，就要深刻思考过去的经验与现在的冲突，这样才能打破并重塑。这种改变绝非易事，需要决心与智慧。丹尼尔·西格尔（Daniel J.Siegel）医师在《青春，一场脑内旋风》一书中说，每个家长都应乘坐时光机来一趟心灵时光之旅，看看过去，想想现在，放眼未来，也就是说，做一种"自传式的回顾"。唯有自觉并省思，才能知道自己是如何被形塑的，以及如何改变。

证据会说话

生活中的任何经验，都会在脑中留下印记

大部分人都听说过"创伤后应激障碍"——劫后余生的战士，有时候眼前会突然重现战争场景，把路上的喇叭声当成大炮声；也会有噩梦或恐怖的回忆闪入脑海。许多人因此抑郁、愤怒、借酒浇愁，甚至使用毒品。但这种病不是非得从枪林弹雨、出生入死的战场上回来才会发生，生活中的许多悲惨遭遇都会使人有创伤症候群，例如受虐或被强暴的孩子。

巴塞尔·范德考克（Bessel van der Kolk）医师在《身体从未忘记》一书中提到，他通过核磁共振摄影扫描研究发现，创伤后应激障碍患者在接触与自己特殊经验类似的情境时，他的情绪脑，尤其是杏仁核区以及视觉区，会高度活跃；相反地，语言区则活动力下降。因而可以得知，所有的脑部受创记忆是倾向"非语言"的，创伤后的痛苦经由视觉、情绪区强力放送，却"难以言喻"，也正因有不容易说出来的特性，患者可以明显感受到痛苦的情绪，却弄不清楚是怎么回事。

创伤后应激障碍患者的脑部变化可以让我们认识到：过去的经验实实在在地影响了大脑的结构，导致生理变化，接着再由这些被影响了的大脑结构引发我们对

生活事件包括亲子互动的反射性反应。因为脑部与身体的生理变化如此深入，不需再经由大脑认证便可直接反应。对于这种已经在大脑中留下了反应"模式"的结构性变化，我们得认真面对方能改变。

　　根据上述研究，我们可以推论，生活中的任何经验，无论大小，只要是重要的，都会在脑中留下深浅不一的印记，尽管程度可能逊于精神科诊断的创伤后应激障碍。但凡走过，必留下痕迹。因此，如果不深入省思，不良的亲子关系可能会像一出剧情拖沓的连续剧，既无建设性，也无法带来喜悦。

爸妈可以这样做

　　大脑是个动态的复杂系统，"过去"虽然可以形塑我们，幸好现在也能改变过去，让我们走入不一样的未来。既然省思有助于改变现在的亲子关系，那么我们该如何做及做哪些省思呢？

1. 第一步：你可以先思考这些问题：

　　"与父母相处时，哪些状况使我最快乐？"

　　"与父母相处时，哪些状况使我最愤怒？"

　　"与父母相处时，哪些状况使我最沮丧？"

　　"与父母相处时，哪些状况使我最羞耻？"

　　"最美好的记忆有哪些？"

　　"最糟糕的记忆有哪些？"……

　　根据上述的省思，再进一步回想：

　　"父母如何回应我的快乐？"

　　"父母如何回应我的愤怒？"

　　"父母如何回应我的沮丧？"

　　"父母如何回应我的羞耻？"……

2. 第二步：你能不能归纳出父母的教养形态？

　　父母对你的教养形态是偏向哪一种形态——辅导、威权、民主、放任、反对、体罚、虐待中的哪一种？还是每种都有一些？还是变来变去、不可预料？

在成长过程中你感受到的，是温暖多还是恐惧、害怕多？是接纳多还是拒绝多？他们让你感到安全吗？他们放手让你探索吗？

3. 第三步：你能不能想出父母与你的相处模式？

★ 你与父母的关系是亲密和谐，还是紧张或是疏离？

★ 这些关系缘自过去的哪些相处模式？

★ 这些相处模式在哪些地方影响了你？

4. 第四步：你自己所受的影响有哪些？

★ 你想不想改变你现在的教养形态？

★ 你希望你的家庭关系是一种什么样的状态？

★ 这种状态与你的原生家庭状态有何差异？

★ 你觉得该如何改变这种差异？

5. 第五步：省思及跳脱，找回生命的养分

在整个回忆与思考的过程中，你可以自行做分析，或者找配偶、好友讨论，更可以求助心理师。这种分析接近学者玛丽·梅因所说的成人依附关系面谈，可用来深入认识自己。不过，这个过程并非一蹴而就，而且有时会因要解决不

同的问题而须重新经历这趟心路历程。科学家也说，许多人在这种省思中，不但跳脱过去的反应模式，还能找到自己生命的养分，编写出自己独一无二的人生故事。

☞ 情绪教养 重点

❖ 父母本身成长时期的家庭互动，可能会在大脑中刻印出未来亲子的互动模式。

❖ 改变留存在大脑中的固定模式，有赖大人们的省思。

❖ 深入思考原生家庭的互动模式，就是一场心灵时光之旅。

❖ 由过往描绘出自己的人生故事，可更加了解自己。

❖ 只有深入了解影响自己的运作模式，才能真正改变它。

☞ 教养叮咛

发现了吗？父母只有深度地了解自己，才能真正蜕变，孩子方能受益。

够好就好父母学

你也是压力过大的父母吗？

案例

　　美欣是很善于计划的女性，人生的许多大事好像都在她的掌握之中。许多同学还在与虚无缥缈的大学恋情挥空拳时，她已经订婚了；接着，就业、结婚也都是按部就班。独独生孩子这件事，就是无法按计划来。

　　还好不孕症门诊到处都有，天下无难事，坚持到底、不放弃正是美欣的强项。就这样经历了许多次针药治疗及进出手术室，尽管数次因腹水蓄积痛苦不堪，美欣终究如愿地怀上了宝宝。

　　在生产前，美欣就发挥了她求学时的精神：上课前预习（参加大大小小的妈妈教室），实习时认真（按时上拉梅兹课程），家中也布满了各种育儿书籍。在孩子到来之前，她摩拳擦掌，准备好大展身手。

当过妈的都知道，世界上最难商量的就是婴儿。管你天明夜黑，他要哭就哭；管你掏心掏肺，他要吐就吐，要拉就拉。美欣说，她几乎有一年的时间都没能好好睡上一觉。

百家争鸣的育儿书籍中，有些建议不要孩子一哭就抱，不然妈妈就会变成孩子的奴隶，这还不打紧，将来孩子可能还会变成没人管得动的小霸王！有些书则强调，在这个阶段，只有无条件地迎合才能使孩子感到世界是值得信任的。美欣每天就在各路理论中与自己的意志力奋战，不眠不休。

儿子霖霖也在这样的教养下日渐长大，尽管跌跌撞撞，还是让美欣感到很欣慰。只是美欣"输不起"的个性使得她在百般调教之余经常感到紧张兮兮、压力巨大，深怕遗漏什么东西没有教。

说起来，美欣真是伟大的妈妈，可就是这种唯恐自己不够好的压力逼得她喘不过气来，甚至怀疑自己没有能力再养一个孩子。像美欣这样的妈妈，在我多年与父母闲聊的经验里，比例已呈越来越大的趋势。

父母懂得放手，孩子才能发展出自我

　　现代父母普遍陷入高度焦虑，因为怕孩子输在起跑线上，父母们在孩子出生前就拟订作战计划，希望能善尽家长的职责。此外，全球化也使得家长们夹在东西方教养价值观之间焦虑：父母究竟是孩子的领航者，还是应让孩子顺性发展？究竟参与多少才刚好？父母的权威是必要的，还是该废弃？难怪父母们越来越惶惶不安。

　　其实，每个家庭都有自己的价值体系，没有绝对的对错。有些父母注重孩子知识的学习，有些则认为只要孩子快乐就好，读书不是重点。话虽如此，可是有一件很重要的事，大人们一定要谨记，那就是养育孩子的终极目标是协助他们成为独立自主的成人。没有父母希望孩子一直"被照料"而无法离巢自立。孩子幼小时，父母照顾起来既揪心又满足，可是如果孩子行年渐长而依然无法独立，那就成了家庭的失败、社会的负担。

证据会说话

妈妈要够好，但不必完美

小儿科医师兼心理学家唐纳德·伍兹·温尼考特（Donald Woods Winnicott, 1896—1971）提出"妈妈够好就好"理论。他认为，婴儿一开始从母亲提供的无条件的爱中感觉到自己是全能的，然而随着时间的推移，他会逐渐了解自我与非自我的不同，从而开始认识到客体关系（相对于婴儿的主体感），再从"母亲提供一切"的自我全能错觉中破茧而出，发展出真实的自我。

真实的自我与伪自我的差别在于，前者是父母提供环境与养分，让孩子顺着本性开出各色花朵，后者则是父母依着自己的意思，把孩子雕琢成自己想要的盆景。前者是父母协助孩子成就自我，后者则是协助父母本身成就自我。

他的结论是，一个"够好就好"的妈妈会针对孩子的每个发展阶段，提供给孩子足够的环境与爱，而一个"不够好"妈妈则是根本弄不清楚孩子的发展需求，以致给得不够以及不肯跟孩子分离的"状似完美的全能妈妈"。

换句话说，一个"够好就好"的妈妈，可以在孩子不同的成长阶段适切响应，由初期（出生阶段）的事事关注，到逐渐放手让孩子成长，继而发展出孩子的自我。至于看起来高度追求完美、凡事安排到底的妈妈，却可能使得孩子的自我发展变得困难，可以说是另一类"不够好"妈妈，与什么都不管的妈妈一样不好。

到底什么叫"够好就好"？是"不要太好"的意思吗？怎样才是"刚刚好"？如果我们说光谱两端的妈是"不理妈"与"包办妈"，中间区块的妈就趋近"够好妈"，这样就容易理解了吧！"够好妈"绝对不会不理孩子，但也绝对不会"过度关注"孩子。根据上述概念，我们可以简易分出三种不同类型的妈妈（包括父亲），给父母提供一个基本概念。

"不理妈"

心中无小孩，比较常发生在较年轻的父母身上。父母本身就像孩子，也许经常因玩计算机、手机而忘却孩子的需求。虽然婴幼儿很容易激发母亲的本能，但也有许多母亲并未成熟到认清自己的角色；也有许多家庭基本上就不够健全，妈妈应是孩子信任的人，"不理妈"却没有提供安全的怀抱。

"包办妈"

这种妈妈有日渐增多的趋势，证据是师长口中的"直升机父母""恐龙父母"越来越多，所以"妈宝"数目也持续上升。"包办妈"的特色是，希望自己完美，更希望孩子完美，有点像订做一个"他"——父母心中完美的孩子。因此，自己有空便参加各种课程，也带孩子赶场学习各种知识，因为太过聚焦于未来的成果而忽略了生活中的点点滴滴——来不及吃饭，就在车上吃，以便赶往下一场；孩子没时间打点自己也没关系，妈妈全部包办！在这个过程中，孩子也许逐渐失去自我，也许开始反叛。原本妈妈应是孩子独立自主的推手，"包办妈"却成了制造痛苦的人。

"够好妈"

撇开上述两种极端的妈妈，剩下的就是你我这些"常态妈"了。但是"常态妈"要趋向"够好妈"应有健康的心态：

★ 孩子是独一无二的个体，不是我完成梦想的工具。

★ 我不会是完美的父母，孩子也不必成为完美的人，完美是不存在的。

★ 身为父母，我有教与养的责任，而不是制片人、经纪人或老板。

　　★　教养过程中犯错是正常的，如果我学会了更好的方法，我会尽力做。

　　★　适度的挫折是孩子活在真实世界中必须学习与经历的过程。

爸妈可以这样做

养育孩子对父母与孩子来说应该是双赢——孩子被养育成快乐而独立的人，而身为"大人"的我们也在这个过程中变成更好的自己。一个不懂孩子的妈妈或者一个过度雕琢孩子的妈妈，无法让孩子和自己活出更好的自己。

1. 成为"够好妈"，不要做"不理妈"或"包办妈"

拿前述美欣的例子来说，妈妈其实可以不用事事都参与，让孩子自己决定游戏怎么玩、故事怎么说，孩子便能在其中自行探索，母子也可以有时间交换心得。无须事事都安排妥当，多听听孩子的想法，多观察孩子的反应，才能享受到亲子共处的美妙。强求自己成为 100 分父母与要求孩子每次都考 100 分一样不切实际，能做到 70 ～ 80 分就要告诉自己，你很棒；其实，不完美的父母也正好给予孩子一个犯错可以改正的示范。养育孩子其实是给父母与孩子双方共同成长的机会，身为大人的我们，也能在这个过程中变成更好的自己。

2. 常自问："我这样做会帮助孩子独立自主吗？"

够好就好的"刚刚好"妈妈，其界限十分模糊。一个可以参考的判断方法是，经常自问："我这样做会帮助孩子独立自主吗？"也许经此一问，你就会改变做法：选择让孩子帮忙收拾碗筷，而不是急着带他参加才艺班；教他收拾自己的书包，而不是催促他去练钢琴；仔细沟通为什么数学成绩不理想，而不是急着找家教。有些事真的是"孩子自己的事"，而不是"家长的事"，别把自己累瘫了！

3. 尊重孩子终将长成自己的样子

回到前面的案例。美欣熟知依附理论，也知道一个安全型依附是我们能给予孩子的最好的人生礼物，但是千万别以为"有求必应"或"规划小孩"或者"牺牲自我"也是其中的一部分。唯有逐渐淡出孩子的人生，他们才有独立自主的可能；也唯有这样，他们才能成长得比父母更茁壮。孩子需要父母的爱与关怀，其中一种爱的表现是尊重他们终将长成自己的样子。父母提供花床、阳光与水，也要修剪坏掉的枝叶，关心他们有没有病虫害，但是不必每天手持剪刀，把他们修剪成"盆栽"。你几时看过盆栽长成大树？

☞ **情绪教养** 重点

- ❖ 孩子是独一无二的个体，不是我完成梦想的工具。
- ❖ 我不会是完美的父母，孩子也不必成为完美的人，完美是不存在的。
- ❖ 身为父母，我有教与养的责任，我不是制片人、经纪人，也不是老板。
- ❖ 教养过程中犯错是正常的，如果我学会了更好的方法，我会尽力做。
- ❖ 适度的挫折是孩子活在真实世界中必须学习与经历的过程。

☞ **教养叮咛**

发现了吗？懂得放手对亲子双方来说都好，能让双方都轻松！当你觉得疲累不堪时，不妨问问自己："是我做得太多了吗？"

教养笔记